“运动即良药”系列

老年人社区健身器材使用指导

主编
王　茹　刘向云

科学出版社
北　京

内容简介

本书系统地讲解了各类社区健身器材的使用知识，从健身器材的选择，到健身器材的使用方法和注意事项，循序渐进，配合科学的理论知识，为居民如何正确选择和使用健身器材进行体育锻炼提供一份参考和指导。

本书着重介绍了社区健身器材对老年心脑血管疾病和肌肉骨骼系统疾病等的防治作用和方法，能够使读者根据自身状况和需求，合理、科学、安全地使用社区健身器材进行针对性的锻炼。

本书主要面向具有健身防病需求的老年人，在尽可能采用通俗语言的基础上，从实际出发，图文并茂、一目了然，帮助读者更直观地理解和掌握健身方法，真正做到学以致用。

图书在版编目（CIP）数据

老年人社区健身器材使用指导 / 王茹，刘向云主编．—北京：科学出版社，2017.3
（运动即良药系列）
ISBN 978-7-03-051848-4

Ⅰ.①老… Ⅱ.①王… ②刘… Ⅲ.①社区－健身器械－基本知识 Ⅳ.① G818.3

中国版本图书馆 CIP 数据核字（2017）第 033584 号

责任编辑：朱 灵
责任印制：谭宏宇 / 封面设计：殷 靓

科学出版社 出版
北京东黄城根北街 16 号
邮政编码：100717
http://www.sciencep.com
苏州越洋印刷有限公司印刷
科学出版社发行 各地新华书店经销
*
2017 年 3 月第 一 版 开本：B5（720 × 1000）
2017 年 3 月第一次印刷 印张：6
字数：123 000
定价：32.00 元
（如有印装质量问题，我社负责调换）

“运动即良药”系列编委会

《老年人社区健身器材使用指导》编写组

主　编

王　茹　刘向云

副主编

贾　杰　王雪强

编　委

汪　阳　牛战斌　李　佳

火思敏　张力桢　梁小娟

加强体育锻炼，惠及健康生活

（代序）

进入21世纪以来，人们日益关注的健康问题已经上升为国家战略。2016年10月25日，中共中央、国务院发布了《“健康中国2030”规划纲要》（以下简称《纲要》），这是今后15年推进健康中国建设的行动纲领，要求把健康融入所有政策，全方位、全周期保障人民健康，大幅提高健康水平。在《纲要》中，共34次提到“体育”这一关键词，这是因为体育运动与健康有着息息相关的内在联系。

“生命在于运动”，运动既是一门科学，也是一门艺术，更是一种健康的生活习惯，但并不是每一项运动都适合所有人，不同人群适宜的运动强度、运动时间也有所差异，不适宜的运动、运动不足或过度运动都有可能对健康造成损害。那么，究竟什么运动才适合自己？生了病也可以参加运动吗？

我们常说，“良药苦口利于病”，但并不是所有的疾病都只能咽下这苦不堪言的“良药”才能治愈，也不是咽下这口苦药就能药到病除。其实科学的运动处方也是一剂“良药”，而且还是一剂不用尝“苦”却具有显著效果的“良药”。那么，这“药方”该怎么开？我们自己能开吗？到底如何利用运动这剂“良药”来达到促进健康的目的呢？

要解决这些问题，当务之急是找到“合适的运动素材”，具体来说有两点：一是所选的项目和运动器材适合自己的年龄段；二是所选的运动对防治自己年龄段常见疾病有针对性和防治效果。

目前市面上有关体育锻炼的书籍虽然不少，但真正能够提供“合适的锻炼素材”的书籍仍比较缺乏。上海体育学院拥有许多具有较高科研水平和丰富教学经

验的专家，他们均长期从事运动促进健康方面的研究，经验丰富，硕果累累。此次，学院专家们与科学出版社共同打造了这套“运动即良药”系列。

在编写过程中，我们不断摸索、调整，为青少年、中青年白领、老年人等不同人群分别设计运动方案，也介绍了羽毛球、游泳、广场舞等人们可普遍参与的专项运动；在努力形成统一风格以便读者阅读的同时，也尝试使用新的可视技术为读者提供更加直观的指导。

我们希望通过这套图书，能够更好地发挥运动的功能，为广大读者打开一扇通往健康生活的阳光之门。由于多种因素的制约，本套图书可能还存在有待改进之处，我们希望能够得到大家的鼓励和有益的评论，也欢迎广大读者实践后向我们反馈意见和建议，帮助我们把此项工作做得更好。

陈佩杰

2016 年 10 月

前　言

21 世纪，社区健身运动受到国家政府重视并全面开展起来。2008 年 11 月，国家国务院发布了《全民健身条例（征求意见稿）》，表示要加大建设群众身边的健身场所，改善群众健身的条件和环境，在各社区、公园广场、草坪、路旁以及居民聚居的地段，普遍设立便民的健身场所，并配置形式多样的体育健身器械和设施。2016 年 6 月，国务院印发《全民健身计划（2016 ～ 2020 年）》，更是将全民健身运动和群众体育作为实现全民健康的重要途径和手段，是建设中国特色社会主义社会和实现全面小康必不可少的组成部分。

随着体育健身设施的改进和体育健身工程覆盖率的增加，一些公园、绿地、广场、居民区普遍建立起公众体育健身设施。国家体育总局调查报告显示，截至 2016 年 5 月，全国市（地）、县（区）全民健身活动中心覆盖率超过 70%，城市街道、乡镇健身设施覆盖率超过 80%，行政村（社区）健身设施全覆盖，使用社区健身器材锻炼成为最贴近民众的健身方式之一。

虽然社区健身器材已有极高的覆盖率，但居民对其了解程度普遍不高，接受能力也不太理想，很多社区健身器材都未被充分利用，且居民对慢性疾病状态下如何健身缺乏正确的认识，这些都成为发展全民健身及构建大众体育系统的不利因素。

社区健身器材使用比例最高的人群为老年群体，其广范性和普编性使其具有简单、容易掌握的特点，既能满足老年群体锻炼身体的刚性需求，又能在防治心脑血管疾病和肌肉骨骼系统疾病等方面发挥重要作用。如今社区健身器材种类多样化，如果居民在使用时缺乏专业指导，极其容易发生运动损伤事故。尤其对于

使用比例最高的老年群体来说，由于运动能力的下降及自身身体条件的限制，对健身器材的安全使用要求更加严格。

目前市面上科学全面地指导居民使用社区健身器材进行锻炼的书籍很少。在全民健身运动蓬勃发展的前景下，提供一本指导居民使用社区健身器材锻炼的指南尤为重要，也是我们需要努力的方向。本书系统地讲解了社区健身器材的基础理论和实际使用技术，对社区里常见健身器材的使用方法进行了详细分析，并对如何使用社区健身器材防治老年心脑血管疾病和肌肉骨骼系统疾病做了系统的指导。全书注重实际操作，居民在安全使用健身器材的前提下，能够根据自身身体状况和健身需求，正确掌握社区健身器材的使用方法，做到全民健身、安全健身、快乐健身。

为方便广大读者更好地理解器材的使用方法，部分重点使用方法配备了完整的视频，可以通过扫描二维码，学习和观赏规范、正确的技术动作等。

本书在出版过程中，得到了科学出版社编辑的协助，在此表示衷心感谢。另外，本书所有的编审人员，为本书的出版和发行付出了诸多辛勤的劳动，在此一并致谢。

在编写本书的过程中，我们以科学、严谨的态度，争取做到精益求精，但书中不免有疏漏和不足之处，欢迎广大读者批评指正。

感谢您对本书的支持，希望本书能成为您科学健身路上的陪伴者。

主 编

目　录

第一章

社区健身器材概述

全民健身关系着人民群众身体健康和生活幸福，是综合国力和社会文明进步的重要标志，是社会主义精神文明建设的重要内容，是全面建设小康社会的重要组成部分。国家实施“全民健身计划”以来，居民的体育健身意识进一步加强，参加体育锻炼的人数显著增加，而健身的形式也越来越多样化，其中利用社区健身器材进行体育锻炼占据了很高的比例，而老年人是主要的使用群体。

但如今社区健身器材种类多样，居民在使用时缺乏专业指导，对器材的选择和使用方法具有一定的盲目性，尤其是老年群体。由于老年群体的骨骼肌肉退化、骨骼的物理强度降低、肌肉强度下降、运动与平衡能力减弱，并且多伴有其他系统的疾病诸如高血压、糖尿病、心脑血管疾病等，因此对健身器材的安全使用要求更加严格。

社区健身器材的正确选择

一、社区健身器材使用概况

目前，许多小区、广场、公园等都有健身设施，为居民健身、休闲提供了方便。户外健身器材的器械设置，目标群体是大众，它的广普性使其具有简单、易学、见效快的特点，非常受老年人欢迎。

一般每天使用社区健身设施有早、中、晚三个高峰期。其中，早上基本上没有年轻人使用，中年人占 30%，老年人占 70%；中午有部分中年人和小孩，大多数是老年人；晚上锻炼的人群中，年轻人占 10%，中年人占 15%，小孩占 15%，老年人占 60%。可见老年人是社区健身设施的主要使用者，但是很多老年朋友并不完全熟悉各种健身器材的正确使用方法。

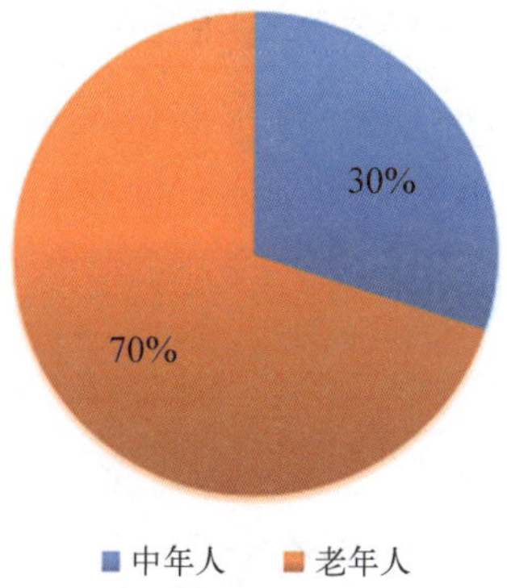

早上社区健身设施使用人群分布

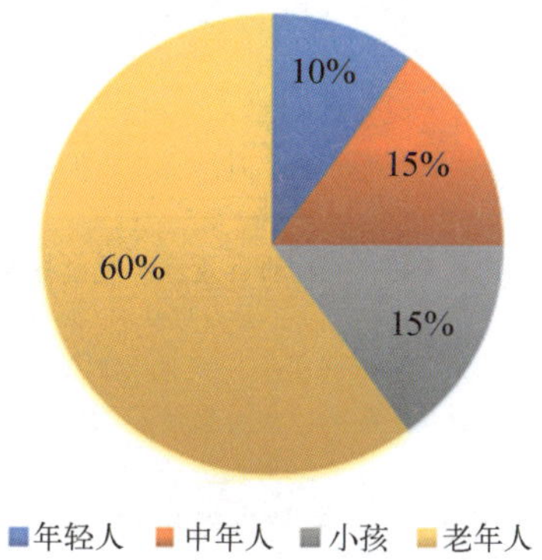

晚上社区健身设施使用人群分布

根据各类器材的功能，社区中常见的运动器械可分为四个类型：①伸展类，如肋木架、伸腰器等；②扭腰类，如扭腰器等；③有氧类，如太空漫步机、健骑机、攀爬云梯等；④力量类，如单杠、蹬力器等。

在使用这些器材时，要掌握正确方法，尤其是老年人要量力而为，不要贪图量多、速成。有某些疾病的老人要慎用某类健身器，以免锻炼不成，反而使病情“雪上加霜”。

社区健身器材的安全状况

一、社区健身器材的使用寿命

健身器材有使用寿命，我国于 2011 年颁布了新标准（GB19272–2011），要求社区健身器材的安全使用年限能够达到 8 年，但是由于健身器材的损耗不同，实际的使用年限也有所不同。

GB 19272—2011《室外健身器材的安全 通用要求》技术标准

1. 器材的安全使用寿命应不小于 8 年，超过安全使用寿命的器材应报废拆除；在安全使用寿命内，供应商应确保易损件损坏前及时维修、更换。
2. 器材使用材料的有害物质含量应不超过标准规定，以防止对使用者身体健康造成危害。
3. 器材不应有对使用者头部、颈部、躯干、手及手指、脚部产生卡夹、剪切、挤压危险的结构；不应具有造成衣物、头发钩挂或缠绕危险的结构。
4.（活动类）器材脚踏部位应有防滑措施，摩擦系数应不小于 0.5。运动幅度过大的器材应有限位装置。滚筒、转盘类等快速转动形式的器材，由于转动惯性可能对使用者健身安全造成伤害，应具有阻尼装置。
5. 器材防腐涂层经过 800 小时人工加速老化试验后，不低于装饰性综合老化性能的 2 级，涂层按标准冲击试验后无裂纹、剥落等现象。
6. 室外篮球架的篮板和室外乒乓球台台面的材料、防水性能、结构尺寸、抗冲击强度、刚性、预埋件结构强度及乒乓球台面弹性应符合标准要求。
7. 轴承应按器材的使用寿命和受力条件进行选择，并应采取有效的防水、防尘措施。不得采用翻新轴承、尼龙轴承、粉末冶金轴承。
8. 具有超过 600 mm 跌落高度的和（或）强制使用者身体运动的器材，在所有的碰撞区域应有着陆缓冲层；缓冲材料的选择及安装应符合标准的规定。

二、社区健身器材状况

在使用健身器材之前，应该先了解健身器材的使用方法，并检查外观，如有锈蚀、裂纹、残缺、老化、运转不灵活等安全隐患严禁使用。

（1）使用前首先要观察健身器材，如果发现出现损坏，不要使用，并向有关部门反映，及时维修。

（2）使用健身器材前，仔细阅读使用说明，不要随意使用。

（3）运动时要集中精神，如果感到不适，应立刻停止使用。

（4）运动能力较差的老年人，运动时需要有健康成年人在旁监护。

健身器材破损

充分的锻炼准备

老年人最好在同伴和家人的陪同下，选择阳光明媚、视线清楚的时间来进行锻炼，锻炼前要充分热身，锻炼时要遵循循序渐进、由简到难的锻炼原则。

一、了解个人身体状况

1. 了解自己的疾病史

运动前首先要确认自己有无伤病。如果有严重高血压、冠心病、骨折等，不要轻易进行锻炼，以免加重病情或伤情。如果处于疾病稳定期，应该谨遵医嘱。

2. 了解自己的身体状况

体适能视为身体对生活、活动与环境的综合适应能力，是一种满足生活需要和有足够的能量完成各种活动任务的能力。体适能一般分为：

（1）与健康有关：称为健康体适能，包括心肺耐力（心肺适能）、柔韧性、肌肉力量和肌肉耐力（肌肉适能），以及身体组成。

（2）与动作技能有关：称为技能体适能，包括灵敏性、平衡感、协调性、速度、肌肉爆发力、反应时间等。

在男性 60 ～ 69 岁和 70 ～ 79 岁组间身高、体重、臀围差异显著；女性在这两个年龄组间除身体质量指数（BMI）和体重身高指数（WHR）外，其他身体形态数据均存在显著差异；60 岁以上组的功能性体适能均显著高于 70 岁以上组；在有无运动习惯组别间，功能性体适能差异显著，除身高和 WHR 外，身体形态指标差异显著。

3. 根据心率和靶心率控制自己的运动强度

了解自己的身体情况，运用心率来调控运动强度，应该掌握最大心率和靶心率的计算方法。

（1）心率（HR）：当心率在 110 ～ 170 次 / 分钟范围时，心率与运动强度之间呈直线相关的关系。

（2）最大心率：指人体做极限运动时的心搏频率。其计算公式为：

最大心率 =220− 实际年龄

（3）靶心率（THR）：指能获得最佳效果并能确保安全的运动心率，又叫“运动中适宜心率”。当人们在靶心率范围内进行运动时，既能收到最佳的锻炼效果，也能保证锻炼的安全性，是在运动中用来衡量运动强度的一个标准。靶心率怎么计算？如何根据靶心率掌握自己的运动强度？

靶心率具体的计算公式为：

靶心率 =[（220− 年龄）− 静态心率]×（60% ～ 80%）+ 静态心率

（注：静态心率指安静状态下每分钟心跳的次数。）

为了安全和简便起见，中老年人或慢性病患者的靶心率建议控制在（170− 年龄）～（180− 年龄）。例如患者为 70 岁的老人的靶心率一般控制在（170−70）～（180−70）=100 ～ 110 次 / 分钟。对刚开始采用运动干预的患者，增加 0.9 的安全系数更保险，例如同为 70 岁的患者的靶心率，开始适宜控制在（170−70）×0.9 ～（180−70）×0.9=90 ～ 99 次 / 分钟。值得注意的是，靶心率还应该根据具体情况灵活运用，不同时期的健康状态、环境、季节、心情等对选择运动量会产生一定的影响，例如，患感冒或其他急性病期间、闷热的气候、暴晒的环境或大悲大喜的情绪变化等情况下，运动强度和运动时间均要相应降低，心率指标亦相应降低，以保证运动安全。相反，随着有氧运动能力的提高，可以相应提高靶心率，以增强健身效果。

二、社区健身器材的安全使用

1. 伸展类器材

此类健身器材大多是锻炼柔韧性。在使用压腿横杆锻炼时，需要注意横杆的高度不能太高，初次尝试或身体僵硬的老年人抬腿高度最好不要超过髋部，否则容易拉伤髋关节的韧带和肌肉，也可能损伤股骨和腰椎。

伸腰器

老年人最好不要使用伸腰器，在使用腰背腹肌板和下腰器时也要非常小心，老年时期肌肉老化，随着增龄肌细胞水分减少，脂褐素沉积增多，肌纤维变细，重量减轻，肌肉韧带萎缩，加之脊髓和大脑功能衰退，运动能力下降，如果腰背部伸展幅度过大过猛，则会对腰背部肌肉甚至椎体造成严重的损伤。

2. 扭腰类器材

进行扭腰类训练时需要注意扭腰的幅度和速度，一般旋转幅度控制在45° ~ 90°之间，速度要轻柔均匀，切忌暴力快速旋转，否则容易造成腰肌损伤和腰椎周围小肌肉韧带错位损伤，增加腰椎间盘突出的危险。

3. 有氧类器材

进行有氧器材锻炼，对老年人的心肺和血运功能有一定的要求，比如有心脏病、心脑血管疾病、呼吸道疾病的老年人需在医生或专业人士的指导下谨慎使用。

在使用漫步机、平步机时，很多老年人持有错误的运动观念，认为幅度越大、速度越快，锻炼效果越好。有的老年人甚至跨度达到90° ~ 110°，双腿交替速度很快，这是非常危险的。老年人髋关节的韧带松弛，关节囊挛缩，这样大幅度的快速运动对身体核心稳定能力和髋关节稳定性有很高的要求，运动不当就容易导致髋关节脱臼，髋、腰部肌肉拉伤等。因此，在使用步行机等机器时，摆腿幅度最好控制在45°左右，频率为每秒3～4次，双腿要来回交替，不要像“打秋千”一样两腿同方向摆动，这样不仅达不到锻炼效果，还会增加跌落的风险。

健骑机是依靠双脚和双手的运动力量做上下运动，从而将整个身体拉伸，以达到活动全身各部位关节的目的。在使用的时候注意头向后仰，尽量使身体后拉，此举有助于预防和改善颈椎病，适合经常伏案、颈肌和腰肌都有劳损的人。但如果病情已经发展到椎间盘突出的话，千万不要使用这类器械，如果已经有椎间盘突出的症状，健骑机一拉一扯的力学作用会对颈椎的生物力学承重机制造成影响，加重病情。因此，不建议有椎间盘突出症的人使用健骑机锻炼。

4. 力量类器材

老年人做单杠运动的目的主要是为了刺激肌肉，不过没必要做得太快、太猛。有中度椎间盘突出症患者，可以在单杠上做手臂适度屈曲，脚着地，做半个以上体重的垂吊，其作用相当于垂吊牵引。上肢力量薄弱的老年人，手不要放在单杠上垂吊，谨防肩关节脱臼。

蹬力器主要是用来锻炼下肢和腰部力量的，但对那些本来就有髋骨软化症、髋臼脱位史或者髋关节置换的老人来说，则不宜进行这项运动。髋骨软化症主要症状是平时常有膝下痛，而且上下楼梯会觉得无力。这类老年人髋关节的负重功能不好，如果再做蹬力器运动，伸膝、屈髋肌群可能会受损，造成再次脱位，从而加重原有的症状。

进行力量训练时，凡是带杠铃片的器械，不要拼尽全力，搬起的次数不宜过多，要循序渐进、量力而行。

三、运动频率

运动频率指每周的锻炼次数，取决于运动强度和每次运动持续的时间。一般认为，每周锻炼3～5次是最适宜的频度，即隔日锻炼一次。坚持每天锻炼一次当然更好，但前提条件是第二天不残留疲劳感。关键是运动习惯性或运动生活化，即选择适合自己情况的锻炼次数，但建议每周不少于3次，每次不超过40分钟。

社区健身器材的功能

一、伸展类健身器材

1. 太极揉推器

器材功能：增强肩、肘、腕、髋等部位的活动能力。

使用方法：双腿呈马步，双手握压转轮表面，向相同或相反方向转动。

注意事项：转动时匀速缓慢，用力不要太猛。

2. 腰背按摩器

器材功能：增强腰、腿部力量，按摩腰、背肌肉，刺激中枢神经系统。缓解疲劳，活动经络。

使用方法：双手扶住把手，背靠滚轮，左右或上下进行按摩。

太极揉推器

腰背按摩器

3. 肋木

器材功能：锻炼腹肌及上肢悬垂能力。

使用方法：可进行弹力压腿、下蹲、提膝、攀越等训练。

4. 伸背架

器材功能：增强腰部力量，锻炼腰肌、腹肌及臂力，增强人体柔韧性。

使用方法：背靠器械双臂伸直，抓住横梁，进行收腹抬腿训练。

注意事项：运动时应注意缓慢、匀速运动。

肋木

伸背架

5. 立式压腿器

器材功能：拉伸腿部肌肉韧带，提高关节柔韧性与灵活性，对下肢关节屈伸活动障碍、麻木、肌肉萎缩等有康复作用。

使用方法：将人体的右腿或左腿抬起，放置于横杠上，身体向前倾斜，弹压后复原。

6. 四级压腿按摩器

器材功能：拉伸腿部肌肉韧带，按摩腿部肌肉，提高腿部灵活性。

使用方法：练习者正对器材，一条腿站立伸直，另一条腿抬起伸直，将脚踝处放在横杆上，然后前后移动以按摩腿部肌肉。

注意事项：运动时支撑腿要站稳。患病人士应征得医生同意方可使用，使用时须有家人看护；儿童使用时须有成年人看护。锻炼者在使用过程中若感到身体不适，应立刻停止并咨询医生。

立式压腿器

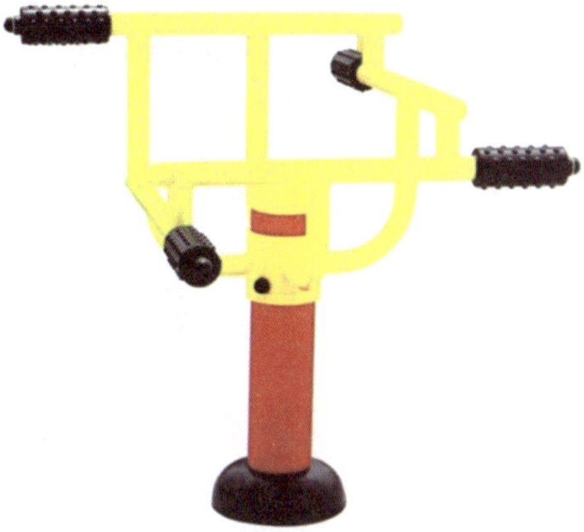

四级压腿按摩器

7. 四柱三位压腿架

器材功能：拉伸腿部肌肉韧带，提高关节韧性与灵活性，对下肢关节屈伸活动障碍、麻木、肌肉萎缩等有康复作用。

使用方法：练习者正对器材，一条腿站立伸直，另一条腿抬起伸直，将脚踝处放在横杆上，然后上体前倾下压。

注意事项：运动时支撑腿要站稳。仅限16周岁以上人群使用，以前倾压腿次数来判断体质。锻炼者在使用过程中若感到身体不适，应立即停止并咨询医生。

8. 柔韧性训练器

器材功能：拉伸腿部肌肉，提高关节柔韧性与腰部灵活性。

四柱三位压腿架

柔韧性训练器

二、扭腰类健身器材

1. 呼啦桥

器材功能：锻炼腰部、腹部肌肉，活动腰、髋、腿关节，提高身体平衡能力。

使用方法：两手握两侧扶手，脚踏底管，上身保持平衡，扭动腰部，从“S”管一端走到另一端。

注意事项：下肢行动不便的人群须慎用。

呼啦桥

2. 盘式 / 把式扭腰器

功能：增强腰部、腹部肌肉力量，改善腰椎及髋关节柔韧性、灵活性，利于健美体形。适用于腰部活动障碍、体弱肾虚、腰肌劳损及周身疲乏等症状。

盘式扭腰器

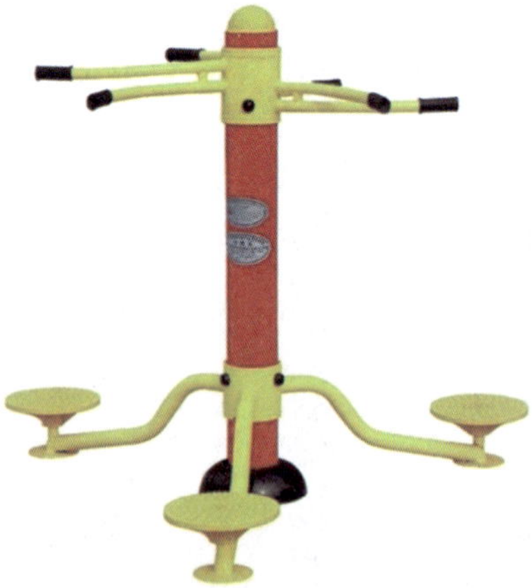

把式扭腰器

使用方法：双手紧握圆盘或把手，双脚平衡站在圆形踏板上或坐在转腰盘上，腰部发力带动下肢或身体左右转动。

注意事项：扭转时腰部要有所控制，幅度不宜过大。切记手始终不要离开手柄。锻炼者在使用过程中若感到身体不适，应立即停止并咨询医生。

3. 踏步扭腰器

器材功能：锻炼腿部和腰部肌肉，增强腰部的灵活性和柔韧性及心肺功能。

使用方法：双手握住扶手，双脚踩在踏板上，上下踏动，同时手臂可给予助力。使用扭腰盘时，双手握住扶手，上身保持固定，腰部以下左右转动。

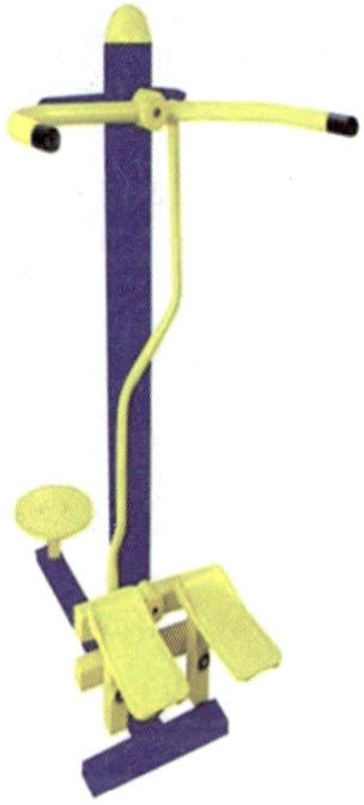

踏步扭腰器

三、有氧类健身器材

1. 健骑机

器材功能：增强心肺功能，提高上肢、腰部、腹部、腿部、背部肌肉力量和四肢协调能力。

使用方法：人体坐骑在椅面上，双手握住手柄向胸部拉，同时双脚用力向前蹬踏，往复运动。

注意事项：每台只限一人使用，运动时其他人不得触摸，防止挤伤。

2. 单柱椭圆机

器材功能：增强上下肢、腰部肌群力量，提高心肺功能，改善四肢协调能力。

使用方法：手扶把柄，站地踏板上，手脚配合协调向前或向后做蹬踏运动。

注意事项：不得在踏板上跳跃。

健骑机

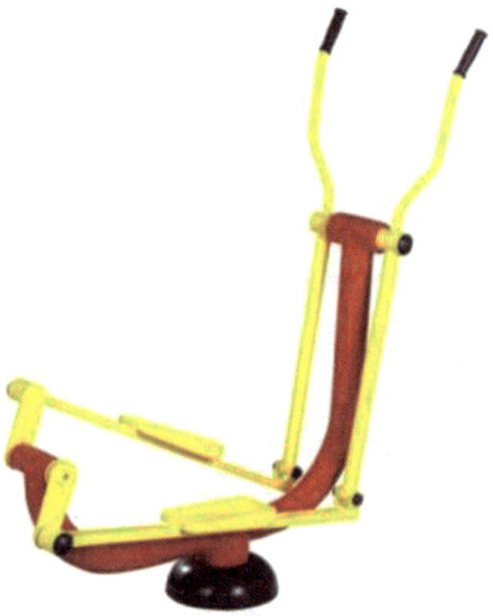

单柱椭圆机

3. 单柱平步机

器材功能：增强上下肢活动能力和协调能力，改善关节的灵活性。

使用方法：双脚分别踩于踏板上，双手紧握扶手，手脚并用做滑移运动，可锻炼身体综合功能。

注意事项：使用时双手紧握扶手，滑行速度不宜过快。

单柱平步机

4. 联动健身车

器材功能：通过全身协调运动可显著增强心肺功能，缓解疲劳。

使用方法：坐在座板上，手握扶手，脚踏踏板，做骑车运动。

注意事项：患病人士应征得医生同意方可使用，使用时须有家人看护；儿童使用时须有成年人看护。锻炼者在使用过程中若感到身体不适，应立即停止并咨询医生。

5. 漫步机

器材功能：增强人体下肢活动能力，改善髋关节的灵活性，增强心肺功能。

使用方法：手握紧握横杆，站在踏板上，挺胸抬头，腰直立。双腿模仿行走自然前后摆动，可以通过调整摆动幅度和频率来调整强度。单柱漫步机和两联漫步机的使用方法与上述相同。

注意事项：严禁双腿同时前后摆动，患病人士应征得医生同意方可使用，使用时须有家人看护；儿童使用时须有成年人看护。锻炼者在使用过程中若感到身体不适，应立即停止并咨询医生。

联动健身车

漫步机

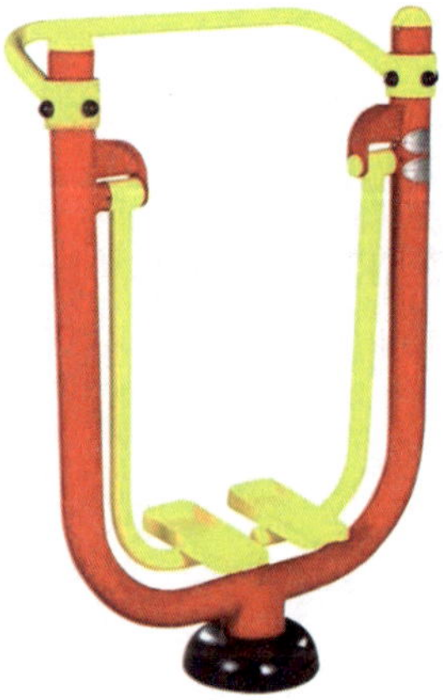

单柱漫步机

两联漫步机

四、力量类健身器材

1. 坐蹬训练器

器材功能：锻炼大腿肌肉，增强腰部力量；对下肢屈伸障碍、肌肉萎缩、风湿性关节炎、坐骨神经痛、踝关节扭伤等有治疗和康复作用。

使用方法：坐在座板上，双腿弯曲，双手放在膝盖上，然后用力蹬双腿至极限位置，反复练习。

注意事项：运动时应穿运动鞋，动作宜缓，背要靠紧靠背，蹬腿时力量集中在腿部。患病人士应征得医生同意方可使用，使用时须有家人看护；锻炼者在使用过程中若感到身体不适，应立即停止并咨询医生。

坐蹬训练器

2. 坐推训练器

器材功能：增强上肢、胸肩背肌肉群力量，提高肩、肘关节灵活性、柔韧性、协调性；对肩、肘关节屈伸障碍，肌肉萎缩，肩周炎等有康复作用。

使用方法：坐在座板上，双手握紧把手，用力向前推动至极限位置，反复练习。

注意事项：动作准备充分，量力而行，切忌过快过猛。如有不适，立即停止。

3. 坐拉训练器

器材功能：增强上肢及肩背肌群力量，改善肩、肘关节柔韧性、灵活性、协调性，对关节酸痛、肌肉萎缩、屈伸功能障碍等有康复作用。

使用方法：坐在座板上，双手握紧把手，用力向前拉动至极限位置，反复练习。

注意事项：禁止站在座位上运动。患病人士应征得医生同意方可使用，使用时须有家人看护。锻炼者在使用过程中若感到身体不适，应立即停止并咨询医生。

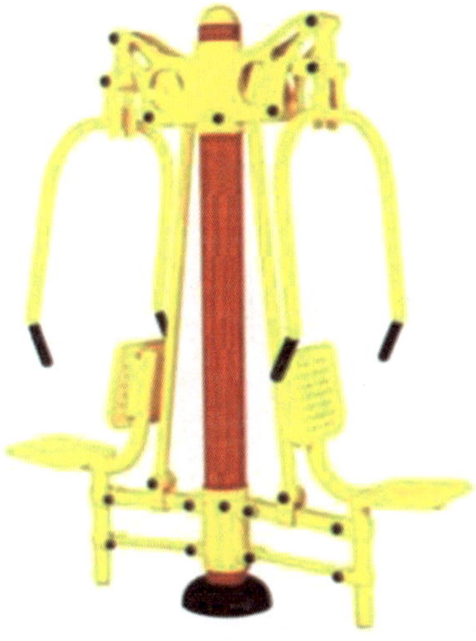

坐推训练器

坐拉训练器

4. 划船器

器材功能：锻炼四肢肌肉力量，改善四肢协调能力。

使用方法：双手握紧扶手，在器材上做划船运动。

注意事项：锻炼者在使用过程中若感到身体不适，应立即停止并咨询医生。

5. 四位蹬力器

器材功能：增强腿部肌肉力量及下肢的运动能力。

使用方法：坐在座板上，双腿弯曲，脚踏踏板，手放在膝盖上，然后用力蹬双腿至极限位置反复。

注意事项：要使用脚后跟蹬踏板来发力，而不要使用脚前掌。到最高点时双腿不要完全伸直，更不要弹动膝盖，否则容易损伤膝关节；此外，还要控制返回时的速度，不要太快，也不要让座椅“哐”地砸在立柱上。

划船器

四位蹬力器

6. 肩关节康复器

器材功能：锻炼上肢关节的灵活性、柔韧性，增强心肺功能。

使用方法：双手紧握手柄，同方向或反方向转动圆环。

注意事项：禁止攀爬或垂直拉动圆环。

肩关节康复器

7. 坐式拉力器

器材功能：增强上肢及肩背肌群力量，改善肩、肘关节柔韧性。

注意事项：用力应缓慢，不得用力过猛。患病人士应征得医生同意方可使用，使用时须有家人看护；儿童使用时须有成年人看护。锻炼者在使用过程中若感到身体不适，应立即停止并咨询医生。

坐式拉力器

8. 推拉组合

器材功能：锻炼上肢及背部肌肉力量，提高心肺功能。

使用方法：坐在器械上，用力下拉或上推手柄，然后缓慢还原。

注意事项：动作缓慢，不应过快过猛。锻炼者在使用过程中若感到身体不适，应立即停止并咨询医生。

9. 提拉训练器

器材功能：锻炼上肢及上肢肌肉力量，提高心肺功能。

推拉组合

提拉训练器

使用方法：背对器械，端坐椅子上，双腿并拢，手握手柄，做推拉运动，速度缓慢有规律。

注意事项：缓慢用力，锻炼者在使用过程中若感到身体不适，应立即停止并咨询医生。

10. 大转轮

器材功能：增强肩带肌群力量，改善肩关节柔韧性与灵活性，预防治疗肩部疾病。适用于肩关节僵硬，活动障碍（如冻结肩、肩周炎），有利于肩部外伤的康复。

使用方法：背立于大转轮前方，双手握住两手柄，顺时针或逆时针做 360° 的大旋转锻炼人体颈椎、肩肘、腰椎。

注意事项：此健身器材最多两人同时使用且不得做其他运动；严禁攀爬，严禁儿童使用。

11. 立式双手支撑

器材功能：锻炼上肢、肩部、胸部力量，改善心肺功能。

使用方法：按照俯卧撑的姿势，保持从头到脚一条直线，同时可以改变这个姿势，用肘关节支撑体重。

注意事项：运动不宜过猛，落地要有缓冲动作。根据个人情况，量力而行，有肩、背部损伤的人慎用。

大转轮

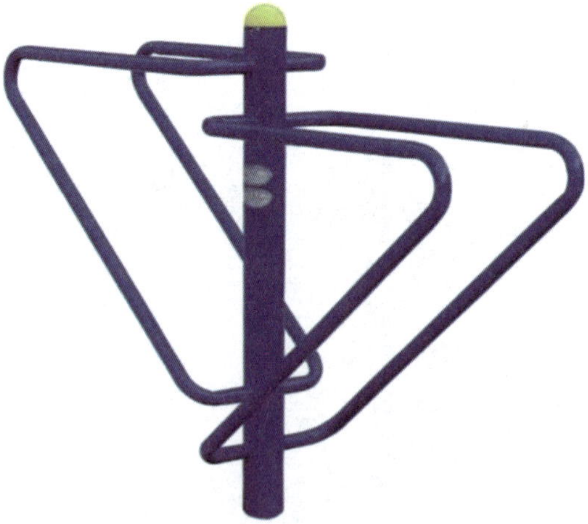

立式双手支撑

第二章

社区健身器材防治老年心脑血管疾病

高血压病

高血压病的流行是一个群体现象，群体的疾病应该用群体的方法来防治。国内外经验表明控制高血压的最有效的方法是社区防治。社区高血压病防治计划的根本目的是在社区人群中实施以健康教育和健康促进为主导、以防治高血压病为重点的干预措施，提高整个人群的健康水平和生活质量。其主要目标是在一般人群中预防高血压的发生；在高危人群中降低血压水平，提高高血压病患者的管理效率、服药率和控制率，最后减少并发症的发生。

一、高血压病的病因

（1）遗传因素：高血压病有遗传倾向，据估计，人群中至少有 20% ～ 40% 的血压变异由遗传决定。

（2）环境因素：高血压病可能是遗传易感性和环境因素相互影响的结果。

（3）年龄：发病率随年龄增长而增高，40 岁以上者发病率高。

（3）其他：肥胖者发病率高；膳食中钠盐摄入量与人群血压水平和高血压病患病率密切相关等。

二、高血压病的症状

每个高血压病患者的症状都有所不同。发病初期可能无症状或症状不显著，只会在精神紧张、过度劳累或者情绪发生波动后出现血压升高，但是经过一定时间休息后血压重新恢复正常。随着时间推移，血压水平明显持续升高，各种症状也逐渐凸现，这被称为缓进型高血压病，其常见的临床症状为心悸、胸闷、乏力、头晕、头痛、注意力难以集中、记忆力弱化、肢体麻木、夜尿增多等。有时当血压突然升高到一定程度时甚至会发生剧烈头痛、心悸、呕吐、眩晕，严重时会出现神志不清、抽搐等症状，这被称为急进型高血压和高血压危重症，一般会在短期内发生严重的心、脑、肾等器官的损害和病变，例如中风、心梗、肾衰等。

三、如何使用健身器材防治高血压病

防治高血压病的常用社区健身器材：上肢牵引器、健骑机、太空漫步机、伸腰伸背器、跑步机和压腿器等。

1. 上肢牵引器

器械名称：上肢牵引器。

器械介绍：通过绳索和滑轮来牵引上肢，有助于改善肩关节活动度。

器械结构：由立柱、固定在顶端的滑轮、牵引绳及手柄组成。

健身方法：锻炼者站在牵引器下方，两臂上举，两手分别抓握牵引器上的手柄。一手用力将牵引绳下拉，利用滑轮改变力的方向，另一手随之向上牵引，直至被牵引的上臂伸直为止，且目视被牵引的手。

①

②

上肢牵引器

运动速度：慢。

运动强度：中等。

运动频率：2 ～ 3 分钟 / 次，3 ～ 5 次。

运动次数：1 ～ 2 次 / 天，至少 3 天 / 周。

2. 健骑机

器械名称：健骑机。

器械介绍：属于力量类与有氧类复合器械。

器械结构：由支架、脚蹬和手柄组成。

健身方法：健身者跨骑在座位上，双手握紧手柄，双脚置于脚蹬上，身体挺直。双手拉住手柄，同时双脚向前直至蹬直，使身体保持一条直线。然后向前推动手柄，身体后坐，恢复至准备姿势。通过手臂屈伸及脚蹬动作配合，来回反复运动以达到锻炼目的。如果需要提升锻炼难度，可将双脚放置于踏蹬上方的横杠处，使身体保持一条直线，增加对力量的要求。

运动速度：中等。

运动强度：中等。

运动频率：10 ～ 15 分钟 / 次。

运动次数：1 ～ 2 次 / 天，至少 3 天 / 周。

健骑机

3. 太空漫步机

器械名称：太空漫步机。

器械介绍：模拟失重的环境下的太空行走的方式而设计的健身器械。

器械结构：由底座、支撑、横杆、悬臂及踏板组成。

健身方法：双手握住器械横杆，双脚分别踩在两个踏板上，人体保持自然站立姿势。膝关节伸直，以髋关节为轴心进行前后摆动，两腿迈开至一定角度（约 60°）时，顺势自然下行，至垂直线时两腿交换方向，如此周而复始，使两腿以自然协调的姿态交叉迈步。

运动速度：中等。

运动强度：中等。

运动频率：50 ～ 60 次 / 分钟。

运动次数：15 分钟 / 天，至少 3 天 / 周。

①

②

太空漫步机

4. 跑步机

器械名称：跑步机。

器械介绍：常见的社区健身器械。

器械结构：由支撑柱子、扶手横杆及踏板或履带组成。

健身方法：健身者站立于跑步机上，上手扶住横杆，目视正前方。双腿轮流跑动，根据个人情况，调整运动速度。

运动强度：低。

运动频率：1 ～ 2 分钟 / 次，10 ～ 15 次。

运动次数：1 ～ 2 次 / 天，至少 3 天 / 周。

跑步机

5. 压腿器

器械名称：压腿器。

器械介绍：又称压腿杠，是最为常见的组合健身器械，分为不同的高度，使用方法多样，简便，功能较多。

器械结构：由支柱和横杆两部分组成。

健身方法：健身者选择适合自己练习高度的压腿杠，正面站立，将一条腿搁于横杆上。髋部后坐，臀部要平，支撑腿与地面垂直，双膝绷直，上体向前倾，双手同时抓握横杠，使上体尽量与腿靠拢。保持数秒至1分钟，然后换另一条腿。

运动强度：低到中等。

运动频率：1～2分钟/次，3～5次。

运动次数：1～2次/天，至少3天/周。

①

②

压腿器

四、注意事项

1. 适应证

(1) 临界性高血压和Ⅰ、Ⅱ期高血压。

(2) Ⅱ期高血压要以药物治疗为主，体育康复的手段为辅。

(3) Ⅲ期高血压病患者参加康复运动要视具体情况而定。

2. 禁忌证

(1) 因各种疾病而导致的症状性高血压患者以及症状不稳定患者。

(2) 有较严重的并发症患者。

冠心病

冠心病患者不适合进行剧烈运动，因此为大家推荐一些较为舒缓的健身器材。这些运动可以促进血液循环，提高心脏机能，有效改善心脏缺血、缺氧的状况，减少胸闷、心悸、头晕等症状的出现。

一、冠心病的病因

冠心病的危险因素包括可改变的危险因素和不可改变的危险因素。了解并干预危险因素有助于冠心病的防治。

（1）可改变的危险因素：高血压、血脂异常（总胆固醇过高或低密度脂蛋白胆固醇过高、甘油三酯过高、高密度脂蛋白胆固醇过低等）、超重 / 肥胖、高血糖 / 糖尿病；不良生活方式包括吸烟、不合理膳食（高脂肪、高胆固醇、高热量等）、缺少体力活动、过量饮酒，以及社会心理因素等。

（2）不可改变的危险因素：性别、年龄、家族史；此外，与感染有关的因素，如巨细胞病毒、肺炎衣原体、幽门螺杆菌等。

冠心病的发作还常常与季节变化、情绪激动、体力活动增加、饱食、大量吸烟和饮酒等有关。

二、冠心病症状

1. 临床症状

（1）冠心病临床表现为典型胸痛。由体力活动和情绪激动等因素诱发，病人会突然感觉心前区疼痛，一般为发作性绞痛或压榨痛，也可有憋闷感。疼痛从心前区或胸骨后开始，向上放射至左肩及手臂，有时甚至会放射至小指和无名指，通过含服硝酸甘油或休息症状可缓解症状。胸痛也会出现在安静状态下或夜间，通常是由于冠脉痉挛造成，亦称为变异型心绞痛。一旦胸痛性质发生变化，如新近出现的进行性胸痛，引起疼痛的最低刺激量慢慢降低，导致轻度体力活动或者情绪激动，甚至休息或熟睡时也会发作。如果疼痛继续加剧、频率逐渐加快，持续时间延长，排除诱因或含服硝酸甘油也不能缓解，此时常怀疑为不稳定心绞痛。

需要注意的是，部分冠心病病人症状并不典型，仅表现为心前区不适、心悸或乏力，或以胃肠道症状为主。某些患者可能没有疼痛，如糖尿病患者和老年人。

（2）心绞痛：按照国际惯例，通常采用加拿大心血管协会分级心绞痛。

- 1 级：在日常活动无心绞痛发作，如步行、爬梯等。
- 2 级：因心绞痛，日常活动轻度受限。
- 3 级：因心绞痛，日常活动明显受限。
- 4 级：任何体力活动均可发生心绞痛。

发生心肌梗死时，病人胸痛剧烈，持续时间长（一般多于 30 分钟），即使含服硝酸甘油也不能缓解，并可有出汗发热、恶心呕吐，甚至发绀、血压下降、休克、心衰等症状。

（3）猝死：约有三分之一的患者第一次患冠心病会发生猝死。

（4）其他：可伴有全身症状，如恶心呕吐、发热出汗、惊恐等。

2. 体征变化

心绞痛患者未发病的时候无特殊体征。患者会出现心音减弱，心包摩擦音。并发室间隔穿孔、乳头肌功能不全者，可于相应部位听到杂音。心律失常时听诊心律不规则。

三、如何使用健身器材防治冠心病

防治冠心病的常用社区健身器材：太空漫步机、上肢牵引器、椭圆机、跑步机、太极揉推器、健骑机等。使用方法参照第二篇第一章高血压病的健身方法，运动时间可做调整。

1. 太极揉推器

器械名称：太极揉推器。

器械介绍：又称太极轮，也称气孔肩关节训练器，增强身体肩

太极揉推器

部、肘部、髋部和膝部等部位的肌肉力量和韧带拉伸力，增加肌肉运动耐力和协调配合能力，加强肌肉关节灵活性和柔韧性，提高全身肌肉组织的活动能力，放松锻炼后的肌肉疲劳，疏通关节经络，延缓身体机能过早老化。

器械结构：由四个钢制轮子朝天举起，轮子由架子固定，上面安装有滚轴，能够 360° 自由转动。

健身方法：面对多位太极揉推器任意一个转盘站立，双腿叉开呈马步，上身自然挺起，小腹微收，双手平展展开后压紧转盘凸台面，然后向相同或相反方向转动即可。

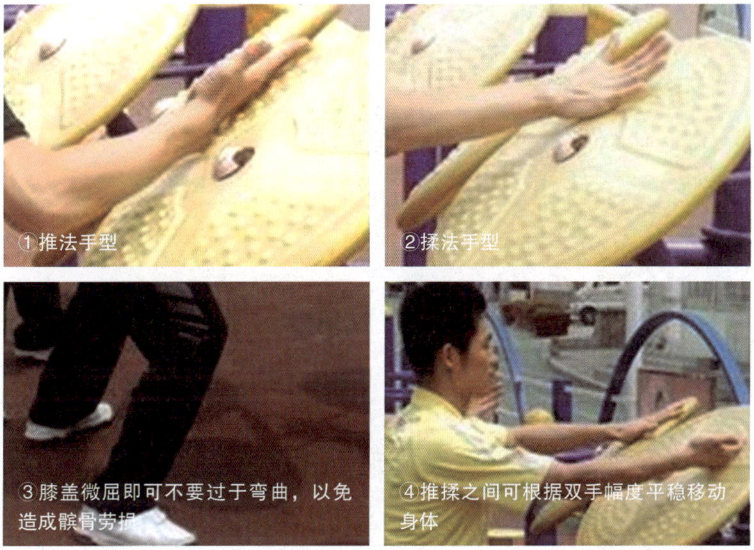

太极揉推器

2. 其他健身器材

（1）太空漫步机运动 5 分钟；上肢牵引器运动 5 分钟；椭圆机 5 分钟。

（2）跑步机 35 分钟；太极揉腿器 5 分钟；健骑机 5 分钟。

一般在清晨或傍晚进行，每次 15 ～ 30 分钟，中间休息 1 ～ 2 次，每次 3 ～ 5 分钟，以后可逐渐增加步行速度和持续时间。

四、注意事项

（1）选择适当项目。患者可根据自己的病情、年龄、体力、爱好等进行选择，但以体力负担不大、动作简单易学、不过分低头弯腰、动作缓慢有节奏、竞争不激烈的项目为首选。

（2）掌握适应范围。高血压病已经发生心、脑、肾并发症，已经合并有高血压心脏病、冠心病、不稳定型心绞痛，半年内发生过心肌梗死、严重心律失常的患者应停止采用运动疗法。

（3）把握好运动量。运动量的指标是患者的自我感觉及活动时的心率。

（4）做到循序渐进、持之以恒。

脑卒中

脑卒中亦称脑中风，是一种突然发病的脑血液循环障碍性疾病，又称脑血管意外。脑卒中指脑血管疾病的患者，因各种诱发因素引起脑内动脉狭窄、闭塞或破裂，造成急性脑血液循环障碍，临床上表现为一次性或永久性脑功能障碍的症状和体征。

脑卒中分为缺血性和出血性两大类。由血管阻塞引起缺血性脑卒中又称脑梗塞，占卒中发病总数的 70% ～ 80%。在脑血管病猝死事件中，由脑梗塞引起的占 80%。

一、脑卒中的病因

（1）高血压病：无论是缺血性中风还是出血性中风，高血压病是最主要的独立危险因素。通过降压药、低盐饮食等将血压逐渐降至 140/90 mmHg 以下。

（2）糖尿病：通过控制饮食、降糖药，将血糖降至 3.9 ～ 6.1 mmol/L 正常范围。

（3）心脏疾病：如风湿性心脏病、冠心病。尤其是心房颤动引起栓子脱落造成脑栓塞。

（4）血脂代谢紊乱：可引起脑动脉硬化。极低密度脂蛋白、低密度脂蛋白是引起动脉粥样硬化的主要脂蛋白，高密度脂蛋白是抗动脉硬化脂蛋白。

（5）短暂性脑缺血：缺血性中风分类的一个类型，也可以是脑梗塞的先兆或前期症状，应及时治疗。

（6）吸烟与酗酒：缺血性中风的危险因素。

（7）血液流变学紊乱：特别是全血黏度增加时脑血流量下降，其中红细胞比积增高和纤维蛋白原水平增高是缺血性中风的主要危险因素。

（8）肥胖与超重：缺血性中风的危险因素。

（9）年龄：动脉粥样硬化的重要危险因素，粥样硬化程度随年龄增高而增加。50 岁以上随着年龄增加脑卒中发病率增加，中青年发病者人数也有增加，不可忽视。

（10）性别：一般来说女性中风发病率低于男性。

二、脑卒中的症状

研究发现脑卒中常见预兆有如下几种情况。

（1）头晕，突然感到眩晕。

（2）肢体麻木，突然感到一侧面部或手脚麻木，或者舌麻、唇麻。

（3）偶尔吐字不清或讲话不灵。

（4）肢体无力、活动不灵。

（5）异样的头痛。

（6）突然跌倒或晕倒，不明原因。

（7）短暂意识丧失，个性和智力的突然变化。

（8）全身感到乏力，肢体软而无力。

（9）恶心呕吐，血压波动。

（10）整天昏昏欲睡，处于嗜睡状态。

（11）某一侧肢体不自主地抽动。

（12）双眼一时看不清眼前出现的事物。

三、如何使用健身器材防治脑卒中

防治脑卒中的常用社区健身器材：上肢牵引器、健骑机、太极推手器、腿部按摩器、腰背按摩器、下肢康复器等。

上肢牵引器和健骑机的使用方法参考第二篇第一章高血压病的健身方法。

1. 太极推手器

太极推手器

器械名称：太极推手器。

器械介绍：以太极拳的基本动作“推手”作为基本锻炼形式。

器械结构：由支架、转架及手柄三部分组成。

健身方法：健身者面向器械，选择适当的距离，双脚前后开立，屈膝，双手紧握手柄，然后有规律地做顺时针或逆时针运动来推动转盘运动。随着手柄推动身体重心逐渐向前移至最远端，后下肢成弓步，随着重心回移至最近端，后下肢成虚步。如此反复进行，动作类似于太极中的“推手”动作。

运动速度：中等。

运动强度：中等。

运动频率：1 ~ 2 分钟 / 次，2 ~ 4 次。

运动次数：1 ~ 2 次 / 天，至少 3 天 / 周。

①

②

太极推手器

4. 腿部按摩器

器械名称：腿部按摩器。

器械介绍：拉伸腿部肌肉韧带，按摩腿部肌肉，提高腿部灵活性，促进腿部血液循环，达到康复功效。

器械结构：由底座、支架及横杆组成。

健身方法：面对器材，一条腿站立伸直，另一条腿抬起伸直，将脚踝处放在横杆上。然后前后移动以按摩腿部肌肉。

运动速度：中等。

运动强度：弱。

运动频率：5 分钟 / 次，3 ～ 5 次。

运动次数：1 ～ 2 次 / 天，至少 3 天 / 周。

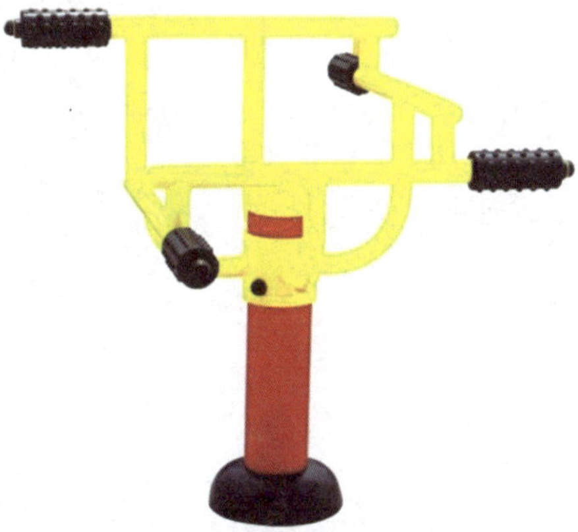

腿部按摩器

5. 腰背按摩器

器械名称：腰背按摩器。

器械介绍：增强腰部、腿部力量，按摩腰、背肌肉及中枢神经系统，缓解疲劳，活动经络。

器械结构：由支架和两只可以活动的圆柱形按摩器组成。

健身方法：双手扶住把手，背靠滚轮。左右或上下进行按摩。

运动速度：慢或中等。

运动强度：弱。

运动频率：5 分钟 / 次，3 ～ 5 次。

运动次数：1 ～ 2 次 / 天，至少 3 天 / 周。

①

②

腰背按摩器

6. 下肢康复器

器械名称：下肢康复器。

器械介绍：一组可供双人同时锻炼下肢功能的复合健身器械。

器械结构：基本构造和健身翘板类似，由基座（含座位）、可活动置脚横栏及固定的扶手栏三部分组成。

健身方法：

（1）单人：健身者端坐于器械一侧的座位上，双脚置于器械下部置脚横栏上，双手握于扶手栏。双足稍稍用力向前踩蹬使其随轨道向前移动，至下肢完全伸直，然后向后回缩，使横杠向后移动，直置屈膝，如此循环往复。

（2）双人：两位健身者分别端坐于器械的两侧座位上，两脚置于器械下部置脚横栏上，双手握于扶手栏。先由一方双足用力向前使置脚横栏随轨道向前移动，另一方随之回缩至最远端后，两人再做相反动作，使横栏向反方向运动至最远端。为增加锻炼难度，回缩的一方在回缩过程中，可以适当的给伸展方阻力以对抗其前进。

运动速度：中等。

运动强度：中等。

运动频率：3～5分钟/次，3～5次。

运动次数：1～2次/天，至少3天/周。

下肢康复器

四、注意事项

（1）锻炼强度和负荷适宜，不可锻炼过度。

（2）做好防护和准备活动。

（3）按时有规律地锻炼。

（4）合理安排锻炼项目。

（5）做好锻炼记录。

（6）康复和治疗并进。

高血脂

高脂血症是指血浆中的胆固醇、甘油三酯以及低密度脂蛋白水平升高和高密度脂蛋白过低的一种的全身脂代谢异常疾病。

一、高血脂的病因

按照病因，高脂血症可分为原发性和继发性两类。原发性高脂血症是原来无任何其他疾病而发生高脂血症，一般是由遗传因素所致。继发性高脂血症是由于各种原因引起的高脂血症，比如：糖尿病、甲状腺功能减退、肾病综合征、肾移植、胆道阻塞等。此外，其他因素如年龄、性别、季节、饮酒、吸烟、饮食、体力活动、精神紧张、情绪活动等也与高血脂症有关。

二、高血脂的症状

高血脂症状一般表现不是很明显。绝大多数的高血脂症患者自己没有感觉，大多在检查身体时，或者做其他疾病检查时发现的。高血脂症主要伴随有并发症，如并发动脉硬化、并发心脏疾病、出现大脑供血的问题、出现肝功能异常或者肾脏的问题、甚至高血脂症胰腺炎，这些都可能成为高血脂症的症状。

三、如何使用健身器材防治高血脂

防治高血脂的常用社区健身器材：跑步机、臂力训练器、蹬力训练器、太极揉推器、划船器、健骑机等。

跑步机、太极揉推器和健骑机的使用用法参照第二章第二节高血压病的健身方法。

1. 臂力训练器

器械名称：臂力训练器。

器械介绍：一种锻炼上臂力量的力量型健身器械。

器械结构：由支架及一组可双向旋转的圆盘组成。

健身方法：两位健身者相向而立，站于器械前方，双手分别紧握器械圆盘。待准备完成后健身者各自用力使圆盘向对方相反的方向转动，通过持续性的力量达到健身效果。

运动速度：慢。

运动强度：中等。

运动频率：3 ～ 5 分钟 / 次，3 ～ 5 次。

运动次数：1 ～ 2 次 / 天，至少 5 天 / 周。

①

②

臂力训练器

2. 蹬力训练器

器械名称：蹬力训练器。

器械介绍：借助于自身腿部的力量来达到锻炼的目的，主要对下肢具有康复训练的作用。

器械结构：由支架、座椅（含靠背）及脚踏横杠组成。

健身方法：健身者端坐于器械的坐板上，双脚置于器械底部的横杠处，双手扶于器械支架上方的手柄，目视前方。双足用力向前蹬伸至双膝伸直，利用下肢力量使身体有所抬高，并停留片刻。恢复至起始动作，此为一个周期。

运动速度：中等。

运动强度：低。

运动频率：10 ~ 30 个 / 次，3 ~ 5 次。

运动次数：3 ~ 5 次 / 天，至少 5 天 / 周。

蹬力训练器

3. 划船器

器械名称：划船器。

器械介绍：主要锻炼四肢肌肉力量，改善四肢协调能力。

器械结构：由底座、滑竿及脚蹬组成。

健身方法：双手握紧扶手，在器材上做划船运动。

运动速度：中等。

运动强度：中等。

运动频率：10 ～ 20 个 / 次，3 ～ 5 次。

运动次数：1 ～ 2 次天，至少 5 天 / 周。

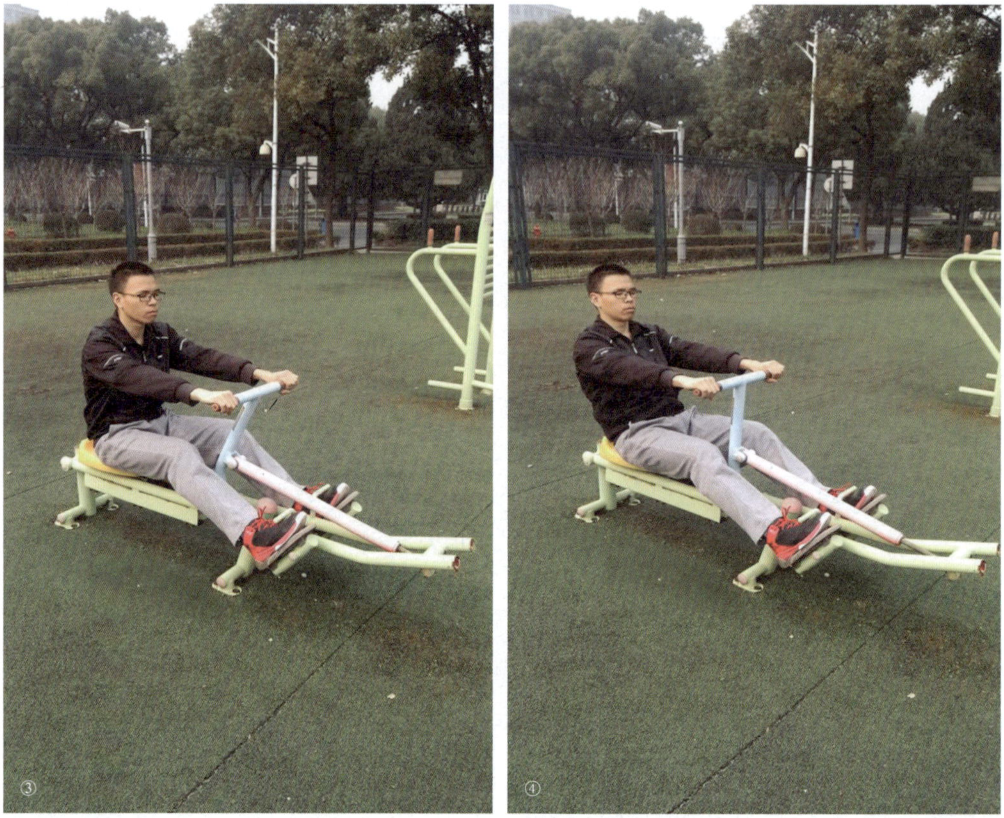

划船器

四、注意事项

（1）注意患者服用的某些调脂药物有潜在的导致肌肉损伤的可能。

（2）有氧运动每次持续时间 30 分钟以上，降脂效果较好。

（3）有氧运动对血脂（脂蛋白）的调节效果可能出现在健身运动后 3 ～ 6 个月，不可操之过急。

（4）有氧运动同时应注意饮食控制，保持热量负平衡，减少胆固醇和饱和脂肪酸的摄入。

第三章

社区健身器材防治老年肌肉骨骼系统疾病

关节炎

关节炎是一种常见的慢性疾病，指发生在人体关节及其周围组织的炎性疾病，最常见的是骨关节炎和类风湿关节炎两种。我国的关节炎患者有 1 亿人以上，且人数还在增加。发病时期不同，其临床表现也有差异。急性期临床表现为关节的红、肿、热、痛，慢性期表现为功能障碍及关节畸形，严重将导致关节残疾、影响患者生活。

一、关节炎的病因

关节炎的病因复杂，主要与炎症、自身免疫反应、感染、代谢紊乱、创伤、退行性病变等因素有关。病因常见于骨性关节炎、类风湿性关节炎、损伤性关节炎三种。

1. 骨性关节炎病因

（1）骨质改变：软骨剥脱，软骨下骨板露出，骨面下骨髓内血管和纤维组织增生，不断产生新骨，沉积于裸露骨面下，形成硬化层，骨质致密，表面光滑如象牙。硬化区在压应力的作用下，骨质发生微骨折、坏死、囊性变。软骨边缘处出现骨赘新生物，软骨下骨髓内骨质增生，骨质内囊肿形成是该病的一大特点。晚期由于关节面严重破坏、骨赘继续增生，加上关节囊产生纤维变性和增厚，限制关节的活动。周围肌肉因疼痛产生保护性肌痉挛，关节活动进一步受到限制，关节畸形。关节间隙变窄，出现关节半脱位，内侧软组织挛缩，功能受阻，最终形成纤维性强直。

（2）骨关节炎滑膜改变：早期滑膜充血，局限性淋巴细胞及浆细胞浸润。后期软骨及骨质病变严重，关节滑膜衬里层明显增厚，滑膜细胞层数增加，造成多发、重叠等，呈绒毛状增生并失去弹性，其内有时埋有破碎的软骨或骨质小块，并可引起异物巨细胞反应。关节面上生物应力平衡失调，有的部位承受应力较大，有的部位较小，应力平衡失调导致软骨及关节囊、滑膜的进一步破坏，形成恶性循环，病变不断加重。

（3）软骨病变：一般认为软骨是骨关节炎最早发生病变的部位。开始出现局灶性软骨表层软化，表面粗糙，呈灰黄色，失去正常弹性，并呈小片状脱落，表面有不规则的小凹或线帚样小沟，多见于负荷最大处。进一步发展，出现软骨面微小裂隙，明显粗糙和糜烂，逐渐形成溃疡，溃疡的大小、形态及深浅不一。深者可达骨质，范围广泛者可见软骨大部脱失，有的软骨细胞或骨赘脱落，在关节内形成游离体。

2. 类风湿性关节炎病因

类风湿性关节炎的发病原因目前尚未清楚，确切的病因至今未明。实验研究发现，多种致病原，如细菌、病毒、衣原体、螺旋体等均可引致不同的动物类风湿关节炎样病征。

3. 损伤性关节炎病因

（1）暴力外伤。如坠压、撞击等造成骨关节内骨折、软骨损坏、关节内异物存留等，使关节面不平整，从而使其遭受异常的磨损和破坏。

（2）承重失衡。如关节先天、后天畸形和骨干骨折成角畸形愈合，使关节负重力线不正，长期承压处的关节面遭受过度磨损与破坏。

（3）活动、负重过度。如某些职业要求机体的某些关节活动频繁或经常采取某种特定姿势，或重度肥胖，或截肢后单侧肢体承重等，均可造成积累性损伤，导致相应关节的关节面的过度磨损和破坏。

二、关节炎的症状

（1）疼痛：关节炎主要表现为疼痛。

（2）肿胀：关节炎症的常见表现，并非与关节疼痛的程度相关。

（3）功能障碍：关节疼痛及炎症会导致关节周围组织水肿，从而引起关节活动受阻。后期可能出现永久性关节功能丧失。

（4）体征：不同类型的关节炎体征不同，可出现红斑、畸形、软组织肿胀、关节红肿、渗液、骨性肿胀、骨擦音、压痛、肌萎缩或肌无力、关节活动范围受限及神经根受压等体征。

三、如何使用健身器材防治关节炎

使用健身器材防治骨关节炎时，要选择在晴朗温暖干燥的环境天气下进行，注意对关节的保暖，避免风吹。防治关节炎的常用社区健身器材：太空漫步机、蹬力训练器、仰卧起坐板、上肢锻炼器等。太空漫步机的使用用法参照第二篇第一章高血压病的健身方法。蹬力训练器的使用方法参照第二篇第四章高血脂的健身方法。

1. 仰卧起坐板

器械名称：仰卧起坐板。

器械介绍：长方形类似床板，两侧有支架支撑。膝关节关节炎的老年患者常有屈曲挛缩的并发症，这是由于疼痛导致膝关节长期保持在屈曲位，伸膝肌群肌力减弱，屈膝肌群紧缩造成的。即使进行过全膝关节置换术，该问题依然存在，这是由手术方式造成的，因此患者常常抱怨膝关节后方有紧绷的感觉。针对该问题，我们需要在仰卧起坐板上对腿部肌肉进行牵伸，以防治屈肌肌群挛缩，缓解膝关节后方的紧绷感，以便进一步增加伸膝角度，改善步态。

器械结构：由支架、置脚横杆、绊脚横杆及平台组成。

健身方法：坐位，双脚垂于边缘，脚底踩在地面上，慢慢摩擦地面向后方滑动。到终末端停留 3 ~ 5 分钟，接着慢慢滑动脚掌回到原位。整个过程脚底需

仰卧起坐板

紧贴地面，不可离地，整个过程重复 2 ～ 3 次，以充分牵伸腿部肌肉。

运动速度：慢。

运动强度：低。

运动频率：3 ～ 5 分钟 / 次。

运动次数：2 ～ 3 次 / 天，至少 3 天 / 周。

2. 上肢锻炼器

器械名称：上肢锻炼器。

器械介绍：主要是用来锻炼上肢及肩背运动的健身器械。

器械结构：由一对扶手、座位及支架组成。

健身方法：健身者面向健身器械端坐，双手正握或反握任一对扶手。

然后用力下拉，直至最低点，可稍持续数秒，然后还原，如此循环往复。

运动速度：中等。

运动强度：低。

运动频率：10 ～ 30 个 / 分钟。

运动次数：1 ～ 2 次 / 天，至少 3 天 / 周。

上肢锻炼器

四、注意事项

（1）避免大强度、关节不稳定的多重复性练习，及过度拉伸和过度运动。

（2）运动初始阶段，应采用低强度和短时间的渐进方法。对于功能较差的患者应采用 5 ～ 10 分钟的间隙性练习。

（3）有明显晨僵的风湿性关节炎患者应避免晨练。

（4）出现异常或持续疲劳、虚弱加重、关节活动范围缩小、关节肿胀加重和运动后持续疼痛超过 1 小时的锻炼者，应停止锻炼。

肩周炎

肩周炎指肩部关节囊因发炎而造成疼痛及关节活动度下降。肩周炎的好发年龄约在中年之后，因此也称为“五十肩”。也有人称其为“冷冻肩”，指肩关节活动度下降，就像是被冷冻了一样。

一、肩周炎的病因

目前确切的病因尚不清楚，有人认为是一种自身免疫性疾病，也有人认为与全身性代谢障碍有关。因受到肩部外伤、脑中风、偏瘫等造成肩部缺少活动的患者，也常发生肩周炎。

二、肩周炎的症状

肩周炎依其病程的变化大致可以分为 4 期。

（1）第一期：特征为关节囊发炎，但关节活动度下降并不明显。患者在这一时期会出现夜间疼痛及不适，由于这个时期关节活动下降并不明显，有时并不容易作出肩周炎的诊断。

（2）第二期：仍会持续疼痛，此时期关节活动度的限制变得明显，尤其是进行外展及外旋方向的动作，患者在这一时期的日常生活也会出现明显的干扰。

（3）第三期：疼痛会逐渐改善，但关节活动度的下降仍然十分明显。

（4）第四期：消退期，病患的疼痛已不明显，但会留下不同程度的关节活动度的损失。整个病程若没有治疗，症状可能会持续 1 ～ 2 年。

三、如何使用健身器材防治肩周炎

防治肩周炎的常用社区健身器材：仰卧起坐板、大转盘、立式转腰架、健身柱、上肢牵引器、上肢锻炼器。上肢牵引器的使用方法参照第二章第一节高血压病的健身方法，上肢锻炼器的使用方法参照第三章第一节关节炎的健身方法。

1. 仰卧起坐板

器械名称：仰卧起坐板。

器械介绍：仰卧起坐平台，以卧起坐立，作为基本锻炼形式的健身器械。

仰卧起坐板
健身方法 1

器械结构：由支架、置脚横杆、绊脚横杆及平台组成。

健身方法 1：患者坐在板上，患侧手指抓牢床板的边缘，身体

仰卧起坐板健身方法 1

向健康肩部一侧倾斜，肩部尽可能贴近仰卧起坐板。

健身方法 2：患者仰卧，用双侧肘关节支撑，身体放松，使身体的重量落于双侧肘关节之间，可以使上臂向前滑动。

仰卧起坐板健身方法 2

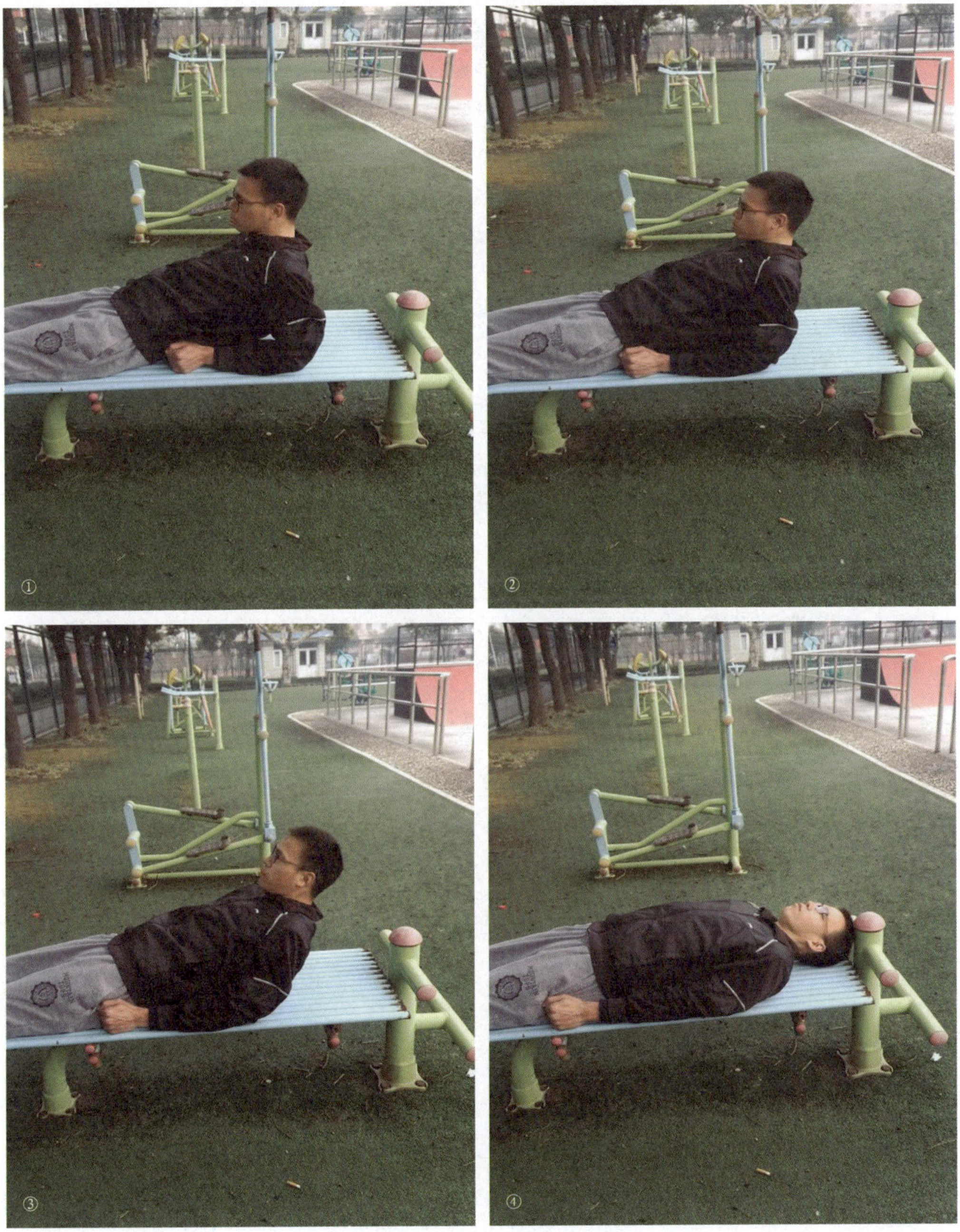

仰卧起坐板健身方法 2

健身方法 3：患者俯卧，双肘支撑，身体放松，使身体的重量落于双侧肘关节之间，可以使上臂向后滑动。

仰卧起坐板健身方法 3

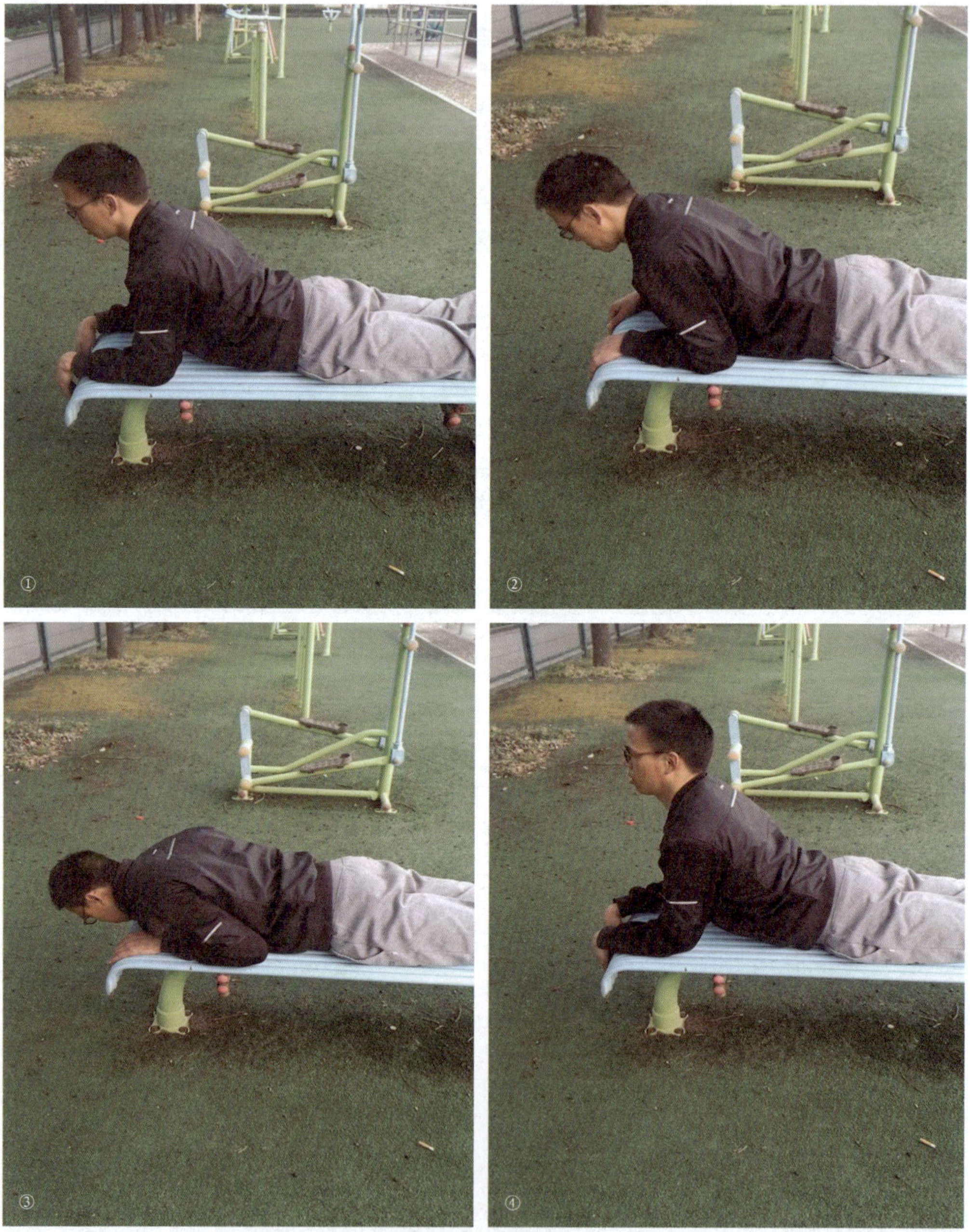

仰卧起坐板健身方法 3

健身方法 4：弯腰接近 90°，健康一侧的手扶持床沿，依靠身体前后、左右摆动的惯性，让患肩周炎的肩膀放松自然下垂，跟着摆动，每次做 2 ~ 3 分钟。

仰卧起坐板健身方法 4

仰卧起坐板健身方法 4

健身方法 5：坐在桌边，患侧的手臂放松并放在桌面，手和桌面可以铺垫一些容易滑动的布，自然弯腰，把手贴着桌面被动往前滑动，在末端停留 5 ～ 10 秒，然后手臂随着身体缓慢回位。

仰卧起坐板
健身方法 5

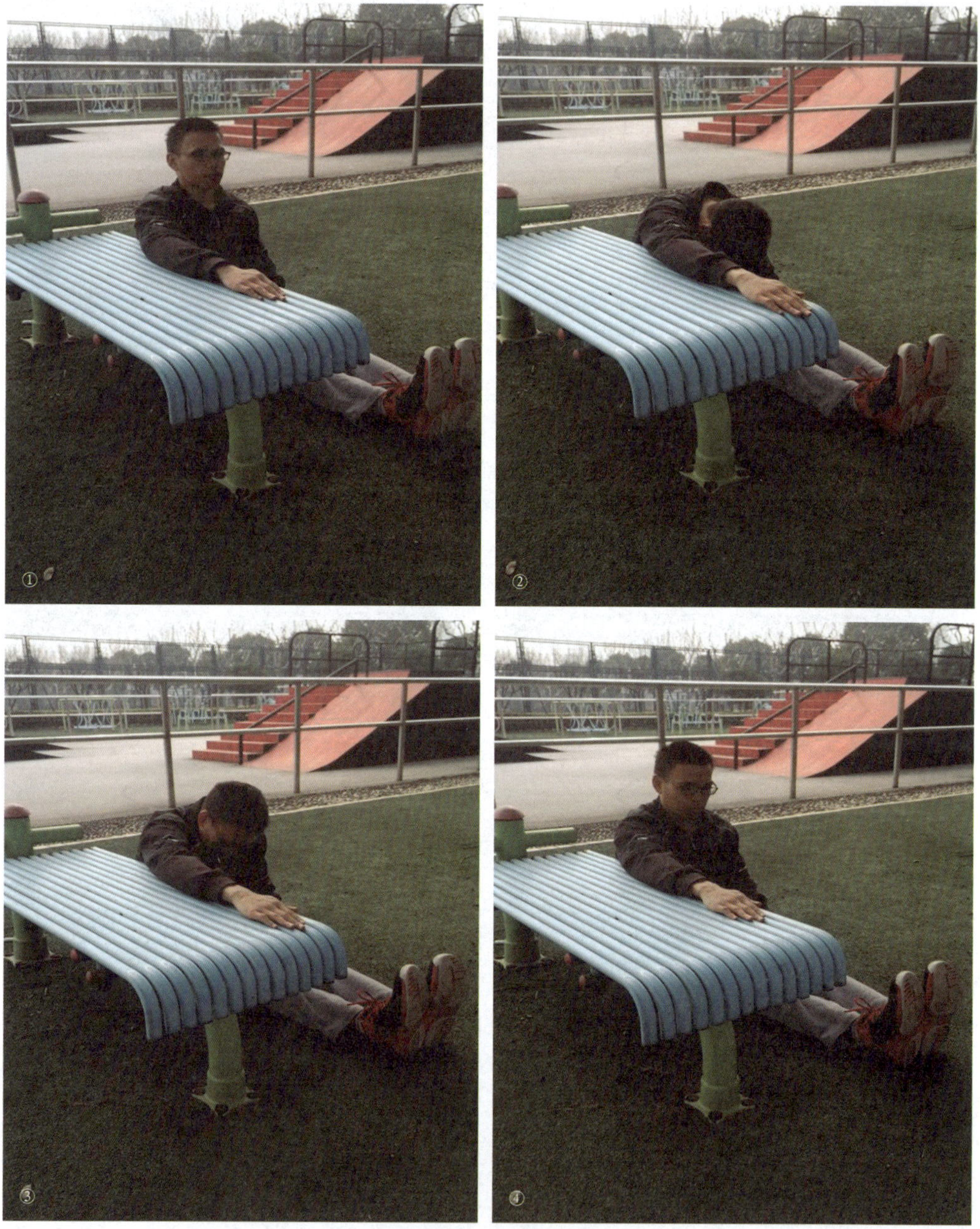

仰卧起坐板健身方法 5

运动速度：中等。

运动强度：中等。

运动频率：10 ～ 30 个 / 次，3 ～ 5 次。

运动次数：1 ～ 2 次 / 天，至少 3 天 / 周。

2. 大转盘

器械名称：大转盘。

器械介绍：由一组（或多组）可旋转的椭圆形转盘构成，因此而得名，是较为常用的健身器械之一。

器械结构：由支架及转盘（含把手）组成。

锻炼方法：站立位，双手分别握住两侧把手，正时针、逆时针方向来回转动大转盘。尽量使用肩部的力量，下肢和髋部要固定，避免摇晃而出现代偿动作。

运动速度：慢或中等。

运动强度：弱。

运动频率：1 ～ 3 分钟 / 次，3 ～ 5 次。

运动次数：1 ～ 2 次 / 天，至少 3 天 / 周。

③

④

大转盘

3. 立式转腰架

器械名称：立式转腰架。

器械介绍：适用于肩周炎患者，是较为常见的健身器械之一。

器械结构：由两个边柱支撑，上横柱有两个可以旋转的三角铁环，下横柱有一个可以旋转的圆盘。

健身方法：站立在圆盘上，患肩周炎一侧的手拉着扶手，屈肘 90° 贴紧身体。身体绕着患侧的肩膀做旋转，终末端停留 5 ～ 10 秒，然后放松缓慢回位。

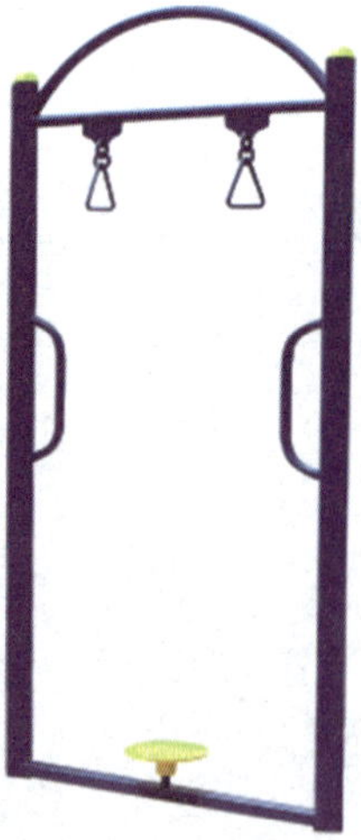
①

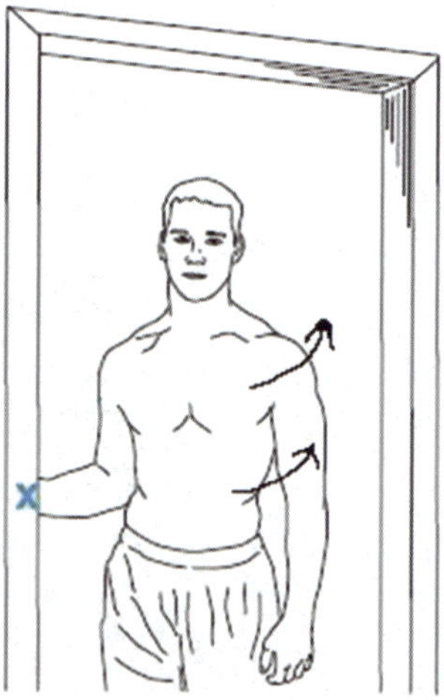
②

4. 健身柱

器械名称：健身柱。

器械介绍：又称健身立柱，适合于肩周炎患者的康复锻炼器材。

器械结构：由带有按摩功能的圆柱形立柱及逐级上升的齿状弧形带组成。

健身方法 1：背对器械，背靠立柱。

注意腰背部与健身柱柱身充分接触，利用下蹲起身动作使腰背部在健身柱上做上下摩擦运动或半蹲位进行左右摩擦运动。为保证老年人运动时的安全，建议双手反握上方的把手，以保证身体稳定。也可以用手臂敲击健身柱，手掌、肩部等部位与之摩擦进行锻炼。

健身柱健身方法 1–1

运动速度：中等。

运动强度：弱。

运动频率：20 ～ 30 次 / 分钟，2 ～ 3 分钟为一个周期。

运动次数：1 ～ 2 次 / 天，至少 3 天 / 周。

健身柱健身方法 1–2

健身柱健身方法 1–1

健身柱健身方法 1–2

健身方法 2：面向健身器械齿状弧形带站立，患侧手臂上举，与器械上部的弧形齿状带最低处接触。类似弹钢琴，从拇指开始，逐渐用手指向上攀爬，直至手指所能触及的最高点，停留片刻。

运动速度：慢。

运动强度：弱。

运动频率：2 ～ 3 分钟 / 次，5 ～ 10 次。

运动次数：1 ～ 2 次 / 天，至少 3 天 / 周。

健身柱健身方法 2

健身柱健身方法 2

四、注意事项

（1）锻炼要循序渐进，逐渐加大运动量，切勿操之过急，以避免产生剧痛。

（2）锻炼中允许出现轻微疼痛，切勿因此停止锻炼。

（3）每日锻炼 1 ～ 2 次，必须认真坚持。

颈椎病

颈椎病是指颈椎间盘退行性改变引起的颈部症状及全身体征，随着年龄的增长而成倍增加。主要由于颈椎长期劳损、骨质增生，或椎间盘脱出、韧带增厚，导致颈椎脊髓、神经根或椎动脉受压，出现一系列功能障碍的临床综合征。

一、颈椎病的病因

（1）年龄因素：随着年龄的增长会有不同程度的退行性病变。

（2）慢性劳损：如不良的睡姿、枕头的高度不当等。

（3）精神因素：情绪不好常常使颈椎病加重。

（4）疾病因素：如外伤，咽喉部炎症，先天发育异常，代谢因素等。

二、颈椎病的症状

（1）眩晕：一般持续时间较短，数秒至数分钟即可消失。

（2）头痛：因为椎动脉分支枕动脉供给枕大神经，临床上椎动脉痉挛引起枕大神经缺血而出现枕大神经支配区头痛。

此外，颈椎病还可引起视力模糊、上肢无力、手指发麻、颈肩酸痛、颈部僵硬、活动受限等危害。

三、如何使用健身器材防治颈椎病

防治颈椎病的常用社区健身器材：摸高器、上肢牵引器、仰卧起坐平台、健骑机、伸背架、腰背按摩器、跑步机等。

上肢牵引器、健骑机、跑步机等参照第二章第一节高血压症的健身方法。仰卧起坐平台参照第三章第二节肩周炎的健身方法。腰背按摩器参照第二篇第三章脑卒中的健身方法。伸背架、腰背按摩器等参考前述。

摸高器

1. 摸高器

器械名称：摸高器。

器械介绍：增强下肢肌肉力量及弹跳力，提高下肢三大关节的灵活性和稳定性。对膝、踝关节酸痛无力有康复作用。

器械结构：由一根立柱及吊在柱子上端的标志物组成。

健身方法：用手触摸标志物。

运动速度：慢或中等。

运动强度：弱。

运动频率：10 次 / 组，3 ～ 5 组。

运动次数：1 ～ 2 次 / 天，至少 3 天 / 周。

伸背架

2. 伸背架

器械名称：伸背架。又称伸腰伸背器。

器械介绍：锻炼背部肌肉，增强颈腰部柔韧性。

器械结构：由支柱、一个半弧面和扶栏组成。

健身方法：双手握住器械两边的弧形图，双腿自然伸直，身体依着器材的弧度向后逐渐舒展，停顿 10 秒，再慢慢起身。

运动速度：慢。

运动强度：弱。

运动频率：3 ～ 5 次 / 组，2 ～ 3 组 / 次。

运动次数：1 ～ 2 次 / 天，至少 3 天 / 周。

腰椎病

腰椎病是腰椎的骨质、椎间盘、韧带、肌肉发生病变，进而压迫、牵引刺激脊髓、脊神经、血管、自主神经，然后出现复杂多样的症状。

一、腰椎病的病因

（1）腰肌、韧带损伤性腰疼。

（2）腰椎间盘脱出症。

（3）骨、关节代谢紊乱性腰疼。

（4）非脊源性腰疼。

二、腰椎病的症状

（1）腰痛：大多数患者最先出现的症状，发生率约 91%。由于纤维环外层及后纵韧带受到髓核刺激，经窦椎神经而产生下腰部感应疼痛，有时可伴有臀部疼痛。

（2）下肢放射痛：典型的坐骨神经痛是从下腰部向臀部、大腿后方、小腿外侧直到足部的放射痛，在喷嚏和咳嗽等腹压增高的情况下疼痛会加剧。放射痛的肢体多为一侧，仅极少数中央型或中央旁型髓核突出者表现为双下肢症状。

（3）马尾神经症状：向正后方突出的髓核或脱垂、游离椎间盘组织压迫马尾神经，其主要表现为大、小便障碍，会阴和肛周感觉异常。严重者可出现大小便失控及双下肢不完全性瘫痪等症状，临床上少见。

三、如何使用健身器材防治腰椎病

防治腰椎病的常用社区健身器材：上肢牵引器、仰卧起坐平台、健骑机、伸背架、腰背按摩器、蹬力训练器等。

上肢牵引器、健骑机等器材的使用方法参照第二章第一节高血压病的健身方法。仰卧起坐平台的使用方法参照第二章第二节肩周炎的健身方法。腰背按摩器的使用方法参照第二章第三节脑卒中的健身方法。伸背架的使用方法参照第三章第三节颈椎病的健身方法。

1. 蹬力训练器

使用方法参照第二章第四节高血脂的健身方法。

运动速度：中等。

运动强度：中等。

运动频率：10 ～ 30 个 / 分钟，1 ～ 3 分钟。

运动次数：1 ～ 2 次 / 天，至少 3 天 / 周。

四、注意事项

（1）饮食均衡，蛋白质、维生素含量宜高，脂肪、胆固醇宜低，防止肥胖，戒烟控酒。

（2）工作中注意劳逸结合，姿势正确，不宜久坐、久站，剧烈体力活动前先做准备活动。

（3）卧床休息，宜选用硬板床，保持脊柱生理弯曲。

骨质疏松

骨质疏松也叫骨质疏松症，是由许多原因导致的骨代谢机制异常。女性的发病率远较男性高，为 2:1 ～ 6:1。一般女性从 40 岁开始，男性从 50 岁以后，骨吸收大于骨形成。其发病率在地理分布上虽有不同，但明显与人种有关。该病多见于白种人，其次为黄种人，黑种人较少。寒冷地带因日照较少，发病率也稍高。

一、骨质疏松的病因

骨质疏松症是一个复杂的病理生理过程，发病原因既有骨组织本身的因素，也有骨组织以外的其他因素。前者包括骨量减少、骨修复不足、骨组织结构紊乱、骨骼的强度下降，特别是骨代谢机制异常等；后者主要包括生物力学方面变化的影响，特别是应力作用、慢性劳损、创伤。发病与生活习惯和质量等也有关，例如吸烟、过量饮酒、脑力劳动、钙摄取不足、维生素 D 缺乏、月经失调和异常、甲状腺功能亢进、糖皮质激素的使用、胃切除术等。

（1）遗传因素初步的研究表明，骨质疏松症可能是多基因疾病，这些基因（例如维生素 D 受体基因）可能参与骨量的获得和骨转换的调控，但有明显的种族差异。迄今未能确认特异基因在本病的发生起关键性作用。

（2）钙是骨质中最基本的矿物质成分，在骨生长期如饮食中有足够的钙摄入量，可促进骨量形成和提供足够的矿物质，钙摄入量不足可造成较低的骨峰值。

（3）体力活动与骨峰值的形成有关，活动过少或过度运动均容易发生骨质疏松症。吸烟、酗酒、高蛋白和高盐饮食、饮入大量咖啡、维生素 D 摄入量不足或光照少等均为骨质疏松症的危险因素。

(4) 生长激素（GH）的促进合成代谢作用有利于骨钙化与骨形成。GH可刺激肝内及骨内胰岛素样生长因子（IGF）的生成。成骨细胞上有GH和IGF−1的受体，IGF−1促进骨细胞的增生和分化。GH可影响骨内矿物质的沉积。雄激素（主要是睾酮）除作用于成骨细胞促进骨形成外，还抑制破骨细胞的分化。雄激素缺乏时，由于骨吸收大于骨形成，容易发生骨质疏松。皮质类固醇激素过多（如库欣综合征或长期、大量应用糖皮质激素）可抑制成骨细胞，减少骨形成，诱发骨质疏忪症的发生，并容易发生病理性骨折。

(5) 除糖皮质激素外，过多的甲状腺激素治疗、抗癫痫药、肝素、化疗药和长期锂治疗等均为骨质疏松症的危险因素。

二、如何使用健身器材防治骨质疏松

防治骨质疏松的常用社区健身器材：跑步机、摸高器、太空漫步机、健骑机、扭腰器、压腿器等。使用方法参照第二篇第一章高血压病的健身方法。

第四章

社区健身器材防治老年呼吸系统疾病

气管炎

气管炎是由于感染或非感染因素引起的气管、支气管黏膜炎性变化，黏液分泌增多，因缺乏负离子而使气管黏膜上皮绒毛内呼吸酶的活性降低，影响肺泡的分泌功能及肺的通气和换气功能。临床上以长期咳嗽、咳痰或伴有喘息为主要特征。

一、气管炎的病因

支气管炎多数由于感染风寒或风热而致气喘。

二、症状

（1）咳嗽：其特点是长期反复咳嗽，多在寒冷季节、气温骤变时发生，早、晚咳嗽频繁，白昼减轻。

（2）咳痰：多为白色黏痰，或白色泡沫痰，早晚痰多。合并感染时痰量增多，且为黏液脓性痰。

（3）喘息：部分患者可出现支气管痉挛，引起喘息，多在急性期发作。

三、如何使用健身器材防治气管炎

防治气管炎的常用社区健身器材：摸高器、上肢牵引器、跑步机、臂力训练器、立式转腰器、跷跷板等。

摸高器、上肢牵引器、跑步机、臂力训练器、立式转腰器的使用方法参照第二篇第一章高血压病等的健身方法。

1. 跷跷板

器械名称：跷跷板。

器械介绍：健身翘板，属于力量类与有氧类复合器械。

器械结构：由基座（含固定扶手）及翘板两部分组成。

健身方法：坐于翘板的座位上，各自握住翘板基座上的固定扶手，双脚置于脚蹬上。一方先用力蹬直双膝，同时屈臂，使身体攀升，另一方屈膝，手臂伸直，坐于最低点。接着另一方接着前者的动作，最后恢复起始状态。

运动速度：中等。

运动强度：中等。

运动频率：3～5分钟/次，2～5次。

运动次数：1～2次/天，至少3天/周。

①

②

③

跷跷板

慢性阻塞性肺疾病

慢性阻塞性肺疾病是一种以持续气流受限为特征的可以预防和治疗的疾病，其气流受限多呈进行性发展，与气道和肺组织对烟草烟雾等有害气体或有害颗粒的慢性炎性反应增强有关。

一、慢性阻塞性肺疾病的病因

该病确切的病因尚未十分清楚。目前普遍认为，由于慢性炎症，肺部不同部位的肺泡巨噬细胞、T 淋巴细胞和中性粒细胞释放多种炎症介质，破坏了肺的结构。此外，肺部的蛋白酶和抗蛋白酶失衡、氧化与抗氧化失衡、吸烟、大气中的有害颗粒，也在慢阻肺发病中起重要作用。近年有人认为慢阻肺的发病与肺炎衣原体感染关系密切。

二、慢性阻塞性肺疾病的症状

（1）慢性咳嗽：通常为首发症状。起初咳嗽呈间歇性，早晨较严重，之后早晚或整日均有咳嗽，但夜间咳嗽并不明显。少数病例咳嗽不伴咳痰，也有部分病例虽有明显气流受限但无咳嗽症状。

（2）咳痰：夜间有阵咳或排痰，一般为白色黏痰或泡沫痰，急性发作期痰量增多，有时有脓性痰。

（3）气短或呼吸困难：慢性阻塞性肺疾病标志性症状，也是大多数病人就医的原因，是引起生活自理能力下降及对疾病产生焦虑心理的主要原因。由于症状逐渐加重，并随着时间的增加而呈持续性，导致日常活动甚至休息时也感觉气短，病人常主诉:“呼吸费力”、“沉重”、“缺乏空气”或“憋气”。运动及呼吸道感染时症状会加重。

（4）喘息和胸闷：部分患者特别是重度患者常有喘息，胸部紧闷感通常在劳力后发生，与呼吸费力、肋间肌等容性收缩有关。

（5）其他：晚期患者体重下降、食欲减退等。

三、如何使用健身器材防治慢性阻塞性肺疾病

防治慢阻肺的常用社区健身器材：太空漫步器、健骑机、蹬力训练器、步行机、跑步机等。使用方法参照第二章第一节高血压病的健身方法。

锻炼时，开始每次坚持 5 ～ 10 分钟，每日 4 ～ 5 次，逐渐适应后，可延长时间至每次 20 ～ 30 分钟，每日 3 ～ 5 次。

四、注意事项

（1）慢性肺部疾病患者最好不要采用以上肢为主的运动方式，因为上肢进行较大强度有氧运动可加重呼吸困难的程度。

（2）锻炼应从短时间训练开始（如 5 分钟），然后逐渐延长时间至轻微程度呼吸困难。每次运动 20 ～ 30 分钟为宜。

哮　喘

哮喘是由多种细胞参与的气道慢性炎症性疾病包括气道的炎性细胞、结构细胞和细胞组分。哮喘常在夜间或清晨发作、加剧，多数患者可自行缓解或经

治疗后缓解。哮喘发病的危险因素包括宿主因素（遗传因素）和环境因素两个方面。

一、哮喘的病因

病因尚未十分清楚，哮喘与多基因遗传有关，同时受遗传因素和环境因素双重影响。环境因素中主要包括某些激发因素，如尘螨、花粉、真菌、动物毛屑、二氧化硫、氨气等各种特异性和非特异性吸入物；感染原，如细菌、病毒、原虫、寄生虫等；食物，如鱼、虾、蟹、蛋类、牛奶等；药物，如普萘洛尔、阿司匹林等；气候变化、运动、妊娠等都可能是哮喘的激发因素。

二、哮喘的症状

为发作性伴有哮鸣音的呼气性呼吸困难或发作性胸闷和咳嗽。对咳嗽变异性哮喘患者，咳嗽可为唯一症状。哮喘症状可在数分钟内发作，经数小时至数天，用支气管舒张药或自行缓解。某些患者在缓解数小时后可再次发作。

三、如何使用健身器材防治哮喘

防治哮喘的常用社区健身器材：太空漫步器、健骑机、蹬力训练器、步行机、跑步机、太极推手器、划船器等。使用方法参照第二章第一节高血压病的健身方法。

锻炼时，开始每次坚持 10 ~ 15 分钟，每日 1 次，逐渐适应后，可延长时间至每次 30 ~ 45 分钟，每日 1 次。

四、注意事项

避免在寒冷、干燥环境锻炼；急性期不可锻炼。

第五章

社区健身器材防治老年内分泌系统疾病

社区健身器材防治糖尿病

糖尿病是一种常见老年内分泌系统疾病，包括 1 型糖尿病和 2 型糖尿病。

1 型糖尿病原名胰岛素依赖型糖尿病，多发生在儿童和青少年，也可发生于各年龄层。发病比较急剧，体内胰岛素绝对不足，容易发生酮症酸中毒，必须用胰岛素治疗才能获得满意疗效，否则将危及生命。

2 型糖尿病原名叫成人发病型糖尿病，多在 35 ～ 40 岁之后发病，占糖尿病患者 90% 以上。2 型糖尿病患者体内产生胰岛素的能力并非完全丧失，有的患者体内胰岛素甚至产生过多，但胰岛素的作用效果较差，因此患者体内的胰岛素相对缺乏，可以通过某些口服药物刺激体内胰岛素的分泌。但到后期仍有一些病人需要使用胰岛素治疗。

一、糖尿病的病因

1 型糖尿病仅占糖尿病发病的 5% 左右，发病原因一般为自身免疫缺陷和遗传因素。2 型糖尿病发病原因主要为遗传、环境、年龄和生活方式等因素，其中生活方式方面尤为注意。2 型糖尿病的主要生活方式诱因有肥胖、体力活动过少和应激。应激包括紧张、劳累、精神刺激、外伤、手术、分娩、其他重大疾病，以及使用升高血糖的激素等。

二、糖尿病的症状

1. 1 型糖尿病症状

口渴、多饮、多尿、多食乏力消瘦、体重急剧下降等症状十分明显，有的患者首发就有酮症酸中毒。最终都将使用胰岛素治疗，所以1型糖尿病又称为胰岛素依赖型糖尿病。

1型糖尿病的治疗最重要的是要控制血糖水平，使之保持在3.9～6.1 mmol/L，以有效地阻止和改善糖尿病相关的并发症。运动是控制糖尿病的重要手段，早期有报道称，运动和胰岛素对糖尿病患者的血糖调节有协同作用，数周连续运动可使糖尿病患者每日加倍摄取糖类食物，而每日胰岛素治疗量不增加甚至减少。

2. 2型糖尿病症状

2型糖尿病中的一部分病人以胰岛素抵抗为主，病人多肥胖，因胰岛素抵抗，胰岛素敏感性下降，血中胰岛素增高以补偿其胰岛素抵抗，但相对病人的高血糖而言，胰岛素分泌相对不足。此类病人早期症状不明显，仅有轻度乏力、口渴，常在明确诊断之前就可发生大血管和微血管并发症。饮食治疗和口服降糖药多可有效。另一部分病人以胰岛素分泌缺陷为主，临床上需要补充外源性胰岛素。

三、如何使用健身器材防治糖尿病

防治糖尿病的常用社区健身器材：摸高器、太空漫步机、蹬力训练器、跑步器、立式转腰器、太极揉推器、伸腰伸背器、伸背架、上肢牵引器、臂力训练器、划船器等。使用方法参照第二章第一节高血压病等的健身方法。

锻炼至少隔天1次，3～4次/周。随着对健身运动的适应性提高，患者应增加健身频率，最好每天在午餐和晚餐后1小时开始中低强度的有氧运动，持续20～30分钟。

四、注意事项

注意运动时低血糖、高血糖、酮症酸中毒等并发症的发生。

社区健身器材防治单纯性肥胖

肥胖是指脂肪在体内过多堆积的现象。判断肥胖的标准很多，简单而又较为合理的判定标准是采用体脂百分数，肥胖分为单纯性肥胖和病理性肥胖两种。病理性肥胖又分为内分泌肥胖、下丘脑肥胖、遗传性肥胖和药物性肥胖等。病理性肥胖在肥胖群体中只占有总人数的 % 左右，而且病理性肥胖在根除相应疾患后，肥胖会自然消退。在肥胖群体中占多数的是单纯性肥胖，单纯性肥胖的确切原因尚不明确，有多种学说阐释单纯性肥胖产生的机制，主要包括高胰岛素学说、脂肪细胞增殖学说、嗜食学说、运动不足学说、褐色脂肪细胞功能不全学说等。总之，单纯性肥胖的原因是多方面的、综合性的，但根本的原因是热量在体内的蓄积超过了消耗。

一、单纯性肥胖的病因

单纯性肥胖的产生归根结底是因为机体内热平衡的紊乱。依据热力学第一定律，能量既不会凭空产生，也不会凭空消失，只能够从一种能量转变为另一种能量。摄入量等于消耗量时，即热能处于平衡状态时，体质量基本保持不变；当热能摄入量大于消耗量时，即热能处于正平衡状态时，多余的热量转变为脂肪贮存于脂肪组织，机体的体脂百分数增加，体质量增加；而若热能摄入量小于消耗量时，即热量处于负平衡状态时，机体会消耗贮存的热量维持生命活动，体脂减少，体质量便会减轻。因此，要减肥就必须遵循机体的热能消耗量大于热能摄入量的原则。

二、运动防治基础

人体的能量消耗主要有 3 个方面。

（1）维持基础代谢所需的能量，即维持呼吸、循环、排泄、腺体分泌、神经传导等生命活动所需的能量。

（2）食物的特殊动力作用，即进食后机体向外散热比进食前增加的热量。

（3）机体活动，尤其是体力活动是人体热能消耗的主要因素，激烈运动时机体的能量消耗可比安静时提高 10 ～ 20 倍，因此，就能量消耗而言，运动减肥对所有的人都是有效的，尤其是有氧运动。能量的消耗不足是多数单纯性肥胖者的患病原因所在，有氧运动可以通过增加能量的消耗减少体内脂肪的积蓄，抑制脂肪细胞的积累，减少脂肪细胞的体积，并且降低了摄食效率，减少脂肪的沉积。同时，长时间有氧运动使血浆胰岛素水平下降，胰高血糖素、儿茶酚胺和肾上腺素分泌增加，促使脂肪水解过程的限速酶活性增加，加速脂肪的水解，促进脂肪的分解。因此，有氧运动能够有效地控制脂肪的合成和加速脂肪的供能，从而减少脂肪的合成，促进脂肪的消耗。

三、如何使用健身器材防治单纯性肥胖

防治单纯性肥胖的常用社区健身器材：跑步机、划船器、伸背架、太空漫步机、四联康复器、下腰训练器、伸腰伸背器、扭腰器等。

跑步机、划船器、伸背架、太空漫步机、下腰训练器、伸腰伸背器、扭腰器的使用方法参照第二章第一节高血压病等的健身方法。

四联康复器

四联康复器

器械名称：四联康复器。

器械介绍：具备扭腰、伸背、大转轮等多种功能，对身体有疾病的人有辅助康复作用。

器械结构：由扶手、转轮、踏板及卧板等组成。

健身方法：

(1) 坐好后手抓住扶手左右交替旋转。

(2) 手握扶手、背靠卧板、做收腹运动。

(3) 手抓把手翻身回转。

(4) 坐好脚踩踏板做蹬车姿势。

参考文献

Terri M. Glenn, Deborah Givens Heiss 等 . 运动治疗学 . 第五版 . 台北：合记图书出版社，2009.

陈玉 . 不生病的保健“良方”. 北京：化学工业出版社，2014.

王安利 . 运动医学 . 北京：人民体育出版社，2008.

王吉耀 . 内科学 . 北京：人民卫生出版社，2005.

胡莺 . 社区健身器械运动法 . 上海：上海科学技术文献出版社，2013.

陆耀飞，魏安奎，田石榴等 . 运动生理学 . 北京：北京体育大学出版社，2013.

云海 . 社区健身器材，你会用吗？健身科学，2010，(5).

王戎 . 正确使用社区健身器材 . 食品与健康，2013，(4).

李静，王庆丰 . 使用健身器材防损伤 . 中国保健营养，2010，(9).

Donald A.Neumann. 肌肉骨骼系统肌动学复健医学基础 . 第二版 . 台北：台湾爱思唯尔有限公司，2013.

严君 . 哮喘病人的运动处方 . 食品与健康，2012，(10).

中华医学会呼吸病学分会慢性阻塞性肺疾病学组 . 慢性阻塞性肺疾病诊治指南（2013 年修订版）. 中国医学前沿杂志（电子版），2014，(2).

赖爱萍等 . 不同锻炼方式对老年人心理健康和心肺功能影响的探讨 . 浙江体育科学，2009，(4).

伊星 . 有关老年人运动量的探讨 . 科教导刊，2010，(7).

中华医学会呼吸病学分会哮喘学组 . 支气管哮喘防治指南 . 中华哮喘杂志，2008，2(1).